U0527796

I HAVE MEASURED OUT MY LIFE WITH COFFEE SPOONS.
我用咖啡勺丈量出我的人生。

T.S. ELIOT
艾略特

设计 生活方式

朱星海

品牌设计师的
生活方式设计随笔 。

我们当下的生活方式
是被设计出来的 。

著

DESIGN
LIFESTYLE.

四川人民出版社

序言

2016年初夏，我旅行至台北。在诚品敦南店喝咖啡时，我买了一包充满文学意味的咖啡豆，叫作"猜火车"，名字的灵感来自于欧文·威尔士的同名小说。这包咖啡豆我一直没舍得喝，留存至今。令人遗憾的是，台北敦化南路上这家最早的诚品书店已于2020年歇业。据说它是全球第一家二十四小时书店，不知点亮过多少爱书人的漫漫长夜。

喝完咖啡，我又步行到离书店不远的小茶栽堂喝茶。当时，大陆的新茶品牌方兴未艾，我也是初次发现，设计可以让长期活在过去的中国茶重回当下，和法式甜点搭配在一起，赢得年轻一代的喜爱。回酒店的路上，曾经去过深圳的台北计程车司机与我聊起大陆的崛起和台湾的衰落，话语里充满失意。车窗外，很少能见到工地上的吊塔，满眼都是20世纪的建筑，而彼时的中国大陆正处在遍地起高楼的快速发展时期，大多数企业都在计划扩张。

设计
生活方式

从台北带回来的那包咖啡豆启发了我对生活方式品牌的好奇心，并让我站在商业的视角，重新认识到文学和艺术的价值。这两样东西我并不陌生，在我成为品牌顾问和设计师之前，我曾经出版过一本小说，并在国内最好的艺术品拍卖行工作过多年。也是从那时起，我将工作的重心转向生活方式品牌的咨询与设计。回首七年来已逝的光阴，我感到无比欣慰。生活方式所给予我的滋养远远多过我所付出的努力。

如今，每天在咖啡馆里读一小时书已成为我日常的生活方式。我也经常旅行，以自己喜欢的方式重返自然。我又开始提笔写作，偶尔还在大学或咖啡馆里讲讲品牌设计课，试图把这些年来对设计生活方式的一些认知分享给更多人。

在设计生活方式时，我希望自己是一个旅行者，永远走在通往未知的路上，一直能够保持对生活的热爱。

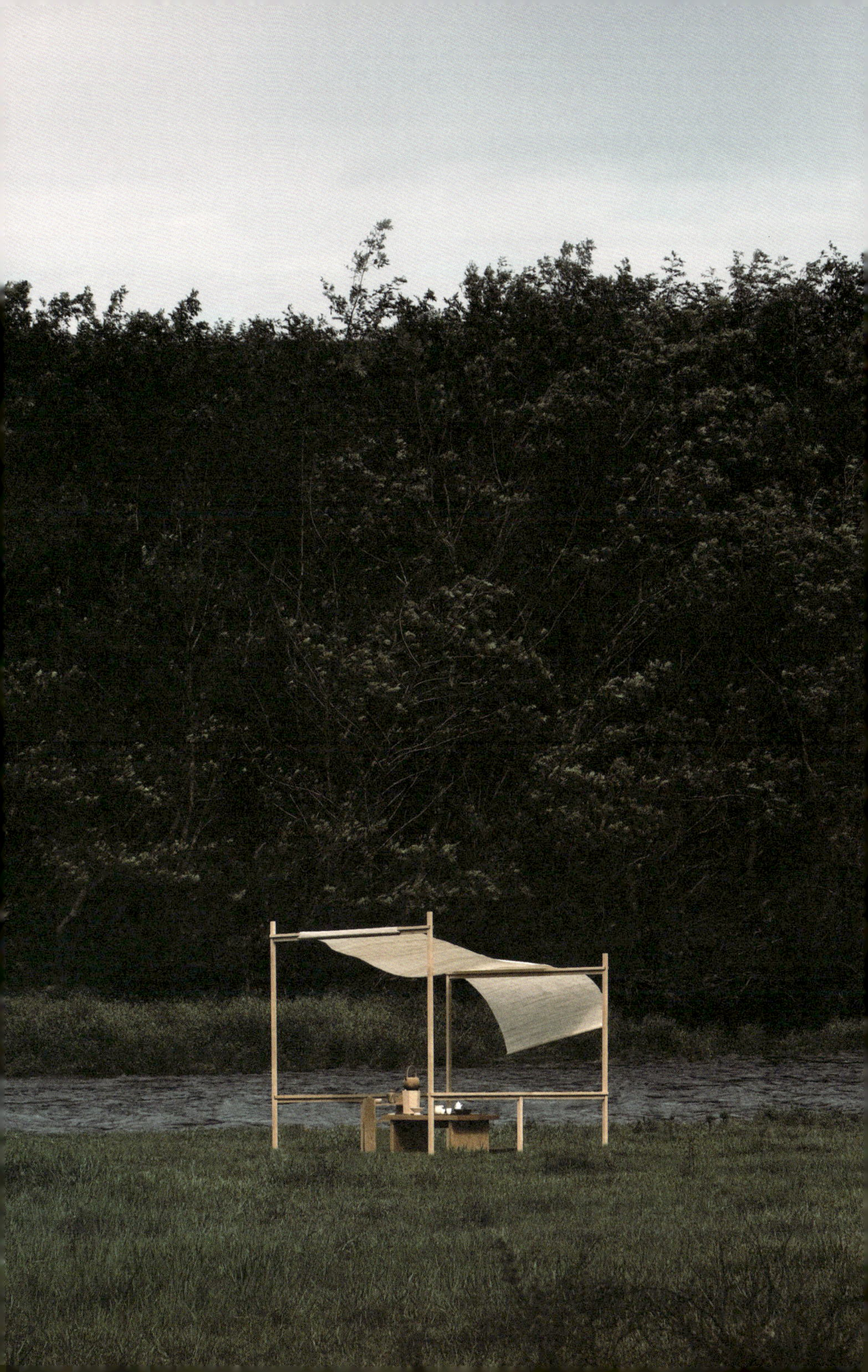

DESIGN
LIFESTYLE.
—

目录

001　六个柿子身在何处
　　　从喝茶到生活方式

015　落地窗外那棵古树
　　　被设计的生活方式

023　美是效率的敌人
　　　设计感

033　没有设计就是最好的设计
　　　去设计木墨

067　童年里的隐秘孤独
　　　情绪的设计

079　与自我舒服地相处
　　　明月远家

099　与众不同的猴面包树
　　　陌生感

109　濯锦江边两岸花
　　　从蜀锦到卓锦

123　用咖啡勺丈量出的人生
　　　咖啡与旅途

131　旅行自由，也要咖啡自由
　　　驾咖啡

151　天地有大美而不言
　　　孤独感

DESIGN
LIFESTYLE.
—

六个柿子身在何处

从喝茶到生活方式

成都城北有个昭觉寺，门庭上悬挂着"第一禅林"的手书，宋代高僧圆悟克勤禅师在这里圆寂。听说"禅茶一味"是圆悟克勤禅师最早提出的，如今被日本茶人奉为茶道之源。日本茶道受禅宗影响颇深，就连他们的茶室设计也源于对禅堂的效法，禅堂里供着的佛坛就是茶室里壁龛的原型。

宋代被看作中式美学的高峰时期，这与禅宗对个人主义和自然主义的推崇不无关系。在当时的中国北方，儒家思想主导着一切。人们遵循祖先的遗训，强调君臣伦理、父子纲常，个人意志常常受到压抑。然而在长江以南，主张心无外物的禅宗思想开始盛行，许多生活在南方的人开始关注内心、当下和生活日常。宋代绘画、瓷器及物具的清简、留白和其后的元、清时期的风格相比，无不透露出一种美学上的自信。

宋代的极简美学在南宋时期发展到了鼎盛，这与禅宗画的高峰几乎同步。南宋蜀人牧溪所绘的《六柿图》，没有背景、阴影和透视关系，甚至没有时间感，全看不出这六个柿子身在何处，寥寥数笔，仅凭笔墨的浓淡之别，却有种"本来无一物，何处惹尘埃"的禅意。当下看来，很难觉出那是八百年前的画作。如果隐去作者名姓，将其说成是当代笔墨，恐怕也会有人信以为真，这也许就是《六柿图》的出世之处。

日本作家川端康成曾说："牧溪是中国早期的禅僧，在中国并未受到重视。似乎是由于他的画多少有一些粗糙，在中国的绘画史上几乎不受尊重。而在日本却受到极大的尊重。中国画论并不怎么推崇牧溪，这种观点当然也随着牧溪的作品一同来到了日本。虽然这样的画论进入了日本，但是日本仍然把牧溪视为最高。由此可以窥见中国与日本不同之一斑。"[1]

牧溪的《六柿图》常被拿来和日本龙安寺石庭一起讨论，被当作禅宗精神的外化之物。它的影响已经不止于日本枯山水，更越洋归来，成为东方极简主义的精神内核，对庭园、建筑和平面设计都有着重要影响。牧溪在中国本土未得到足够重视，

1　出自《源氏物语与芭蕉》，川端康成，台北市亚洲作家会议，1970 年 6 月 16 日。

缘于中国绘画的主流审美是繁复而非极简。还有个原因是中国画界名家辈出，如群峰林立，即使是极简一派，也还有更为突出的八大山人，牧溪未被看重也算情有可原。

我曾寻访过京都、奈良等地的茶室，它们多是些平淡无奇的木屋或草庵。室内算不上开阔，一般能容纳五人左右，布局极其简单，全无繁华的装饰。茶室的垂檐很低，对着庭园的拉窗也并不以大为美，多贴着娴静的和纸，将强烈的光线隔绝在外，使室内现出幽玄之美。人一旦进入茶室，便置身于静寂的氛围中，内心也跟着平静下来。

京都慈照寺东求堂中有一间叫同仁斋的茶室，被视为日本国宝。慈照寺是足利义政将军传位于子后的隐居之所，同仁斋曾是他的书房兼茶室。无印良品在这里拍摄过一张茶室的海报：一只白瓷碗置于茶室中央，正对着半掩的拉窗，窗外可见庭园一隅，除此别无他物。无印良品想以此来表达品牌在日常中寻求简单的美学观念，这种观念无疑是对日本传统美学的继承。在当下，如果要选出一个品牌代表日本的主流审美，首推无印良品。它的产品涉及日常生活的方方面面，小到汤匙，大到住宅，无不围绕"极简"这一设计理念展开。极简的背后，是"空"的哲学，与日本主流审美如出一辙。

日本是个美学意识相对统一的岛国，这与中国有着本质的区别。像日本、丹麦、荷兰这样国土面积不大的国家，自然风物相当一致，人们的生活习惯也很接近。由于资源有限，匠人们会物尽其用，尽量将产品发挥到极致。比如，丹麦盛产一种叫山毛榉的树，这种木材适合制作音箱的箱体，丹麦因此发展出了许多享誉世界的音响品牌。北欧诸多国家由于靠近北极圈，昼短夜长，人们有大把时间用来打发漫漫长夜，待在家里的时间便多，北欧的家居设计也因此长期位处世界一流水平。

中国幅员辽阔，是一个多民族融合的国家，不同地区的日常生活方式千差万别，很难用单一的观念来概括。长江是审美情趣与生活方式的南北分界。长江以北，冬季多萧瑟，在黑、白、灰的布景下，人们往往更喜欢明艳的色调。我一直觉得下过雪的故宫是北方建筑美学的杰作。红墙与金瓦间点缀着景泰蓝色的檐廊，在雪景的衬托下，紫禁城褪去了繁华与躁气，只留下静谧与庄严。而在潮湿多雨的江南，审美的高点落在了民间。白墙黛瓦的徽州民居，经年的雨水在山墙上留下岁月的痕迹，残瓦、霉污和寄生于阴暗潮湿处的苔藓让老宅多出了几分沉寂之美。

除以长江划界的南北之别外，东西气象也是形态万千。东部既有上海这样的当代都市，又有极具古典之美的苏州园林。西部是广袤的多民族聚居地，山地和高原将来自东部的城市文化隔绝在外，即使有少部分流入，在与当地特有的人文、宗教相互融合后，也发展出了与众不同的审美和生活方式。在这样复杂的前提下，试想哪个品牌敢于代表整个中国呢？恐怕一个都找不出来。如果将日本的美学意识概括为极简，中国的美学意识则是多样性的集合。

喝茶方式的不同能够反映生活方式的差异。日本从效仿中国宋代的喝茶方式开始，逐渐渗入禅宗精神，在本土发展出自己的茶道。从另一个角度来看，日本出产的茶叶多为未经发酵的绿茶，品类十分单一，可供发挥的空间也相对有限。因此得以专注于饮茶方式，从起造茶室、制作茶器到茶会活动，逐渐发展出一套仪式感十足的喝茶方式。

与日本一水相隔的中国，被称为"世界茶源"，茶的品种和类别纷繁多样。福建有武夷岩茶、福鼎白茶、铁观音等，云南有普洱、滇红，四川有雀舌、毛峰、茉莉飘雪、蒙顶黄芽、雅安藏茶，浙江有龙井、碧螺春、安吉白茶，广东潮州有凤凰单丛，广西有六堡茶……近年来，云南也开始用当地的茶树叶子制作白茶，贵州、四川一带产的茶叶又被运到福建、浙江，做成了龙井或金骏眉。且不说茶叶的小品类不计其数，连制茶的工艺也千差万别。就泡茶方式而言，福建人讲究斗茶，潮州人善饮工夫茶，四川人喜欢坐在院坝里喝盖碗茶，藏族群众喜欢用康砖做酥油茶……一方水土一方茶，都是当地生活方式的反映。

我常被茶人请去他们的茶室喝茶，屡见博古架上陈列着各式茶器，有的高深，有的开敞，有仿宋的青白瓷，也有粗制的柴烧。壶的产地各不相同，宜兴的紫砂、建水的紫陶……不胜枚举。喝茶时，茶室主人往往因茶择器，若喝肉桂之类的高香岩茶，常在每人面前摆上两个杯，高杯闻香，宽杯品茗。闻香和品茶是中国茶人喝茶时最重视的两个部分，这与日本茶道多有不同。

日本茶人更加注重饮茶的仪式感，并将这种仪式感发展成信仰。在日本茶人冈仓天心看来，中国当下的饮茶方式，即将茶叶放入茶碗，直接用热水冲泡，早已丢失了唐代的浪漫和宋代的礼仪，昔日的崇高信念因朝代更迭被迫中断，茶之理想荡然无存。又有许多当代的中国茶人，将千利休于16世纪在日本创立的茶道礼仪当成"圣经"，教授茶课。在我看来，这颇有几分数典忘祖的意思，全忘了我们的陆羽写过一本《茶经》。

中国从不缺少喝茶的智慧。中国茶与日本茶好比唐诗和俳句，前者意境更加深远，荡气回肠中又有精神寄托。相比日本茶道，中国人更注重茶的本质——茶味。烧炭煮水、因茶择器，这些外在的形式都是为了泡出一道好茶而做的准备。对于茶叶而言，这难道不是十分的尊重吗？试问，若以茶的滋味而论，又有哪个国家的茶可以和中国茶相提并论呢？

苏轼在诗中写道："休对故人思故国，且将新火试新茶。"我在云南见过乡下人用柴火焙茶：在灶膛里拢上炭火，将普洱茶叶盛在粗制的陶罐中，再往里面注水，水在陶罐里沸腾时，茶的香气扑鼻而来……如今回想起来，仍觉得这才是茶之真味。这种冲茶的方式，相较于近乎教条的日本茶道并不逊色。茶文化已深入中国人的日常生活。"寒夜客来茶当酒，竹炉汤沸火初红"，中国人抛弃了宋时的饮茶方式，宋诗里追求的人生境界却沿袭至今，文人雅士、乡野村夫皆是如此。

若说起喝茶的仪式感，英国人值得一提。作为一种生活方式，英式下午茶不仅在欧美根深蒂固，在东方也相当普及。初到成都那年，有人约我去喝下午茶，在鹭岛一间英伦风格的茶室。我点了一壶大吉岭红茶，茶器是西式的，骨瓷的杯身外侧绘着缠枝花卉，杯口上镶嵌着金边。三层盘碟里盛着精致点心，令人赏心悦目。我没有去过英国，算是英伦生活的门外汉，只在英国作家的小说里有过一点浅陋的见识。后来看英剧《唐顿庄园》，才算是大开眼界。剧中有各种英式下午茶的场景，让人叹为观止。庄园里有专门的茶室，空间阔绰有余，摆满古董家具，盘碟极尽华丽，来客也都身着盛装，这样的场合不仅是饮茶，也是社交。

剧中也有一些简单的下午茶场面，比如在室外，一棵繁茂的树下，只有一桌两人，然而仪式感分毫未减。老妇人头戴垂着蕾丝花边的帽子，手戴白色手套，身穿束腰礼服，极尽优雅之能事。喝杯茶都如此讲究，难怪在英国人眼里，美国人的生活方式就显得粗陋了。

在英国，比下午茶更隆重的是晚宴。餐桌上摆满银质餐具和烛台，不仅要擦拭得溜光锃亮，水晶酒杯也要纤尘不染。我还在拍卖行里工作时，有位中国藏家在欧洲购买了一幢破产的古堡，并把能搬动的东西尽数运回了中国，包括三十四幅维多利亚时期的油画和全套银制餐具，其中仅餐勺就有十几种之多：主餐勺、中餐勺、茶勺、咖啡勺、圆汤勺、分菜勺、贝壳勺、雪糕勺、色拉勺、长柄搅拌勺等，式样之多远超我的想象。每一种勺子都有它独特的用处，拿错了便有粗陋之嫌。我曾站在一排银制餐具面前时想,如果我受邀去参加一场英式晚宴,多半会尴尬至极。我是靠一双筷子培养出饮食习惯的,在这般繁复面前,难免无所适从。很多西方设计师热衷于餐具的设计,就连许多颇有名望的建筑师也参与其中。然而东方设计师却鲜有人去设计餐具。筷子这种东西,从古至今,从中国到日本、韩国,似乎都大同小异,少有可发挥的余地。面对闪闪发光的银质餐具,我们也多少会有些不适之感。日本作家谷崎润一郎在《阴翳礼赞》中写道:

> 我们一旦见到闪闪发光的东西就心神不安。西洋人的餐具也用银制、钢制和镍制,打磨得锃亮耀眼,但我们讨厌那种亮光。我们这里,水壶、茶杯、酒铫,有的也用银制,但不怎么研磨。相反,我们喜爱那种光亮消失、有时代感、变得沉滞黯淡的东西。无知的女佣将带着锈迹的银器擦拭得光亮如新,反而遭到主人的叱骂,这种事儿谁家都曾发生过……我们喜欢那些带有人的污垢、油烟、风沙雨尘的东西,甚至于挖空心思爱其色彩和光泽,而且一旦居于这样的建筑和器物之中,便会奇妙地感到心平气和,精神安然。[1]

1 选自《阴翳礼赞》,[日]谷崎润一郎,上海译文出版社,2015年。

如果说，中国人和日本人在审美上是繁复与极简的差别，那么东方人和西方人之间便如同隔着一道高墙。西方美学外向，讲求形式。东方美学由内而外，注重精神内涵。早年，我们对中国传统文化不够自信，西风东渐影响了我们的生活方式，使我们远离了本土的审美。诸多前面带了"洋"字的生活用品以及今天仍在使用洋品牌名的国货之光便是最好的例证。这些年发生了一些改变，我们正在回归自我，开始正视中国人自己的生活方式。

路易威登在非洲拍摄过一系列平面广告，主题叫"与路易威登一起去旅行"。其中有这样一个画面：在一望无际的非洲沙漠中，堆叠着二十几只路易威登的行李箱，广告模特身穿长款风衣和高帮皮鞋，坐在一堆箱子的最高处，左右两手各拎着一款路易威登的提包。在我看来，广告影响着人们的生活，也是当下生活方式的倒影。试想在非洲这种旅途不便的荒野之地，带着一整车沉重的旅行箱去旅行，必定也会带着许多随行之人，否则这种旅行便成了劳苦之旅。欧洲人的旅行方式和喝英式下午茶的方式十分相似，这与我们东方人的旅行方式大相径庭，我们喜欢"兴来每独往"的随意，追求"行到水穷处，坐看云起时"的心境。如果让我带着一大堆家当去远行，我情愿待在家里，哪儿也不去。

美国《国家地理》杂志的摄影记者批评非洲人的着装不够"文明"。试想在非洲那种炎热的地方，整日穿着系了领带的衬衫，外面再套上件西服，在少有空调的环境下，不得热病才怪。"文明"的代价很高，一个地方的在地生活方式往往饱含着当地人的生活智慧。

近几年流行的露营也是源于欧洲的生活方式。不同的是，欧洲人是背上帐篷、睡袋等装备到山野里去，亲手搭建营地。然而到了中国，虽也有少数户外爱好者照着原样去践行，但看看那些游客盈门的营地，哪个不是早早就搭好帐篷，支起炉灶，甚至修建好淋浴房和厕所，只等游客光顾？

生活方式因人而异，讲究因地制宜。作为生活方式的设计师，我早年曾受北欧品牌的影响，对其地的生活方式深爱有加。装修房子、选择家具，无不以北欧设计师所建立的审美标准为参照。然而当我有了些生活阅历，在被琴、棋、书、画、诗、酒、花的世界熏陶后，便觉出了北欧生活方式的局限。它除了外在形式上的美感让我喜欢之外，很难让我打心里爱上。我们自小便不是在北欧的风土环境中长大的。这个时候，日本品牌所传递出的生活美学闯入了我的视野，那种由内而外的精简和克制让我一见倾心，审美趣味也跟着回到东方。

然而，人过中年，我跑遍了中国的大好河山，见识了些文化遗存，逐渐觉出本土文化的丰饶，于是开始研究起我们自己的美学经验和生活方式来。我把一年中四分之一的时间用于旅行，每天在咖啡馆里翻书，去探访各种独具特色的小店，和有趣的人闲聊，不知不觉中，我已置身于自己营造的生活之中，从中获得滋养。我又将这些经验总结出来，用在设计中，去改变他人的生活。

我时常去川西高原旅行，见着些颇具风貌的当地民居，都与我小时候在长白山下住过的红砖房大有不同。房屋的高度、窗户的大小以及和牲畜的相处方式，看上去都与设计无关，又似乎是精心设计过的。我收集与衣、食、住、行、用、赏、游相关的各种经验，试图从过去中汲取灵感，去想象和构建未来生活的样子。

DESIGN
LIFESTYLE.
—

落地窗外那棵古树

被设计的生活方式

城市中产阶层引领着当下的生活方式，他们渴望物质和精神上的双重满足。买东西时不那么在意性价比，感性的因素占了很大的比重。他们品位良好，眼光也很挑剔，他们在选择品牌时，就像往身上贴标签，至少要与众不同。当大多数人选择佳能相机时，他们可能会选择莱卡；当大多数人选择北面时，他们可能会选择始祖鸟；当大多数人选择去三亚度假时，他们可能会选择去阿里……他们选择的倾向并非越贵越好，而是要与平凡划清界限。在他们眼里，大众代表平凡，小众才能引领生活方式。

我有一位从美国留学回来的朋友，我们常常聊起生活方式。他说，在美国，衡量中产阶层并不只看钱够不够多。有钱与否只是一个基本条件，还要看你有没有一个"骨灰级"的小众的兴趣爱好。美国人追求个人卓越，都想成为超人，这种文化也在影响着他们的生活方式。

大多数人通过购买产品来标榜自己的形象，比如奔驰代表着成功，特斯拉代表着与时俱进的生活态度。少数人在个人兴趣上投资，并通过加入俱乐部或协会来分享自己的成就。卓越者影响小众圈层人群，小众圈层人群又向外影响更多人。

攀岩，我指的是攀登天然的崖壁，一直是种小众的极限运动。那种悬垂于岩石上的刺激和恐惧吸引着热爱冒险的人。悬挂在腰间的安全绳也无法保证绝对的安全，意外时有发生。提供攀岩服务的户外俱乐部往往会让摄影师在攀岩者达到某种难度时，用照片或视频记录下来，让攀岩者可以向朋友们炫耀自己的成就。

这种运动值得炫耀的地方在于，并不是你花大价钱买一套很贵的攀岩装备，就能在小圈子里赢得谈资，而是要花上足够多的时间反复练习，还要一次次忍受失败，才能换来一点点成绩。这种运动往往要花上几年甚至十几年的努力，你才有可能成为资深玩家。攀岩之所以能长久地存在下去，在于它的门槛和天花板都很高。入门已不容易，要弄清户外用品店里那些攀岩装备的用途和性能，就得花上许多时间，而这还只是开始。

如果你已经能在崖壁上来去自如，不妨看看美国纪录片《徒手攀岩》，从中你会意识到你与高手之间的差距不仅仅是技术问题，还可能是生与死的选择题。

相比起来，网球、滑板、飞盘则简单得多。尽管这些也没那么容易学会，但好在不必拿生命去冒险。这些运动往往也是在城市中产阶层中兴起，并很快发展成一种潮流。但这些中产阶级未必会长期沉迷于此，他们渴望与众不同，活出自己的态度。当一种游戏成为潮流，他们便会去寻找新的游戏，而等到新的游戏又在大众群体中流行时，旧的游戏就不再被当作生活方式了。

一种生活方式的诞生往往是从创造与众不同的生活态度开始的。喝咖啡是非常普遍的生活方式，至今经历了三个不同的阶段。二战时，战壕里的美国大兵需要咖啡提神，这是一种基本的需求。二战结束后，美国大兵将喝咖啡的生活习惯延续下去，促成了速溶咖啡的流行，其中，雀巢就培养了一大批咖啡爱好者。紧接着进入了星巴克引领的时代，去咖啡馆成为新的生活方式，意式咖啡打破了速溶咖啡一统天下的局面。如今，精品咖啡潮流接踵而来，它们使用更高品质的庄园咖啡豆，空间的美感和品质也更高，手冲咖啡成为替代意式咖啡的全新产品。尽管星巴克仍是当今的主流，但城市中产阶层现在已经很少把在星巴克喝咖啡当成话题。星巴克在咖啡界的地位越来越像麦当劳，不再是咖啡生活方式品牌的代表，取而代之的是精品咖啡品牌。

如果一个品牌不能引起情感上的共鸣，它就无法成为生活方式品牌。我们在选择汽车轮胎、冰箱、大理石地砖等产品时，很难投入过多的感情，通常会从品牌的知名度、产品的耐用性或外观等理性的角度去做选择。然而，当我们想要喝杯咖啡、买件衣服或选择旅行目的地时，却常常带着主观的感情色彩，虽然也有理性的成分在，但并不会因为某个地方便宜，就跑去那里。那些引领生活方式的品牌往往能够打破上一代生活方式品牌定下的规矩，从情感层面出发，重新制定游戏规则。

我们当下的生活方式是被设计出来的。这里指的设计，不是指某种华而不实的创意，也不单单指平面设计、建筑设计、空间设计或产品设计。这里的设计是一种思维方式，围绕某个感性的生活需求，从整体性上去构思这个需求如何去满足，并以这一设计思维统领平面、建筑、空间和产品设计领域。

把设计做得"漂亮"是一种基本的、缺乏深度的理解，设计的意义不止于此。漂亮的设计就像味觉里的甜，很容易让人感到腻。生活方式品牌通常要选择相反的方向，从逆旅中寻找答案。回看咖啡的旅程，从速溶咖啡到意式咖啡，再到手冲咖啡；从加糖到选择加糖，再到不加糖，甜度一点点降低，渐渐接近咖啡苦涩的本质。只要留心观察，生活中不乏类似的案例。

许多攀登者眼里的终极梦想是"7+2"，即攀登七大洲的最高峰并徒步抵达南极点和北极点。这是一种"苦涩之旅"，有违"舒适和安全"的人类本能，却能极大满足个人的成就感，使攀登者获得精神上的愉悦。这种愉悦可以持续很久，甚至在回忆里伴随一生。

大多数网红品牌往往只是名噪一时，很难成为真正的生活方式品牌。它们通常以强烈的视觉冲击为出发点，把"设计感"做得很足，追求极致的甜美或极致的酷。这就好比夜店里的艳舞女郎，在强烈的灯光和音乐衬托下，第一眼总是美的，也能唤醒你的欲望。然而只要耐心多看几眼，或者等到灯光和音乐都停了，美就会很快衰减，令人无法做到久处不厌。

设计网红品牌并不是很难，只需要将品牌的某一方面做到极致或颠覆日常即可。比如设计一间咖啡店，只使用单一的白色，去除多余的色彩，便会创造出一种强烈的设计感，让这间店从周边环境中脱颖而出。更高明一点的方法是，将咖啡店设计成教堂或美术馆，用非日常的空间感去颠覆日常空间，这必然会带来强烈反差，让人耳目一新。然而这样的空间通常不宜久留，新鲜感过后，很难让人日久情深。咖啡店的生意往往依赖熟客的重复消费，这样的咖啡店自然好景不长。

一个生活方式品牌的出众来自品牌创始人或设计师对生活的深入理解，这就好比一个连菜市场都没有去过的厨师很难成为真正的大厨，一个不会做饭的空间设计师也很难驾驭厨房的设计。从表面上看，满足使用功能的设计似乎是最容易做到的，实际上这是最难的。人们在使用这些物品或空间时，隐含着情感的需求。我在照片里看到过建筑师贝聿铭的家，单从室内空间来看，并没有多余的设计，但人们常常忽略了落地窗外那棵古树。

DESIGN
LIFESTYLE.
—

美是效率的敌人

设计感

我的职业是设计师，我对"设计感"常持保留意见。设计师通常被分为擅长创意和解决问题两种类型，我属于后者，致力于用设计思维去解决问题。

在与设计相关的诸多职业中，建筑师是十分严谨的，他们要对作品负长期的责任。如果他们经手设计的房子某一天因设计失误倒塌了，不仅会影响职业生涯，还要被追究相关法律责任。平面设计师似乎没有这样的约束，因此许多设计师一味追求天马行空的创意，认为将设计做得奇特才是出路。

我们的设计奖项似乎也暗中鼓励这种行为，如果将近年来获奖的海报设计排列出来，便会觉出这种端倪。在这些海报里，无一例外地充满了"设计感"，而设计内容往往被忽视。这难道不是一种喧宾夺主的行为吗？要知道，当一个画面看上去很有设计感的时候，主角和配角的关系便容易混淆了。

今天，我们身边的大部分物品都被设计过。早餐桌上的牛奶瓶，写字楼里的电梯广告，中午吃饭的餐厅，下午小憩的咖啡店，都有设计师参与其中。然而我们时常忽略一个客观事实，日常生活中绝大多数被设计过的物品往往都很普通，乍看没有什么设计感。这里面有很多是知名设计公司出品的，难道是因为他们过于平庸吗？显然不是。这和男女关系有点类似，谈恋爱时都想找漂亮一些的，一旦要考虑结婚，漂亮就不再是最重要的因素了。

做品牌是为了降低与消费者的沟通成本，提高沟通效率。我们渴的时候，在超市货架上见到农夫山泉的纯净水，多半会毫不犹豫地购买。在多数人眼里，大品牌往往等同于正确的选择，若换成一个很少人听过的小品牌，未必会如此幸运。设计是一种沟通的工具，而美是效率的敌人，把一个物品设计得很美并非终极目的。

在我们这一代人所受的教育中，美术课大多在小学毕业时结束。如果日后不是为报考美术学院，继续进行素描等绘画练习，多数人的基础美学教育会停留在小学水平。

我们的大众审美普遍是不够好的，而设计师往往又有唯美的倾向。如果从设计师的个人审美出发去做设计，往往会有一种居高临下教育消费者的姿态。我举个例子，成都有个知名的茶空间，出自某大牌空间设计师之手。这位设计师的审美和专业度是毋庸置疑的，在业内也很有影响力。这个空间里所用的家具都是货真价实的丹麦设计师韦格纳的作品，花了大价钱。我自己很喜欢这样的空间，也看得出设计师的良苦用心。然而，我好几次邀请非设计专业的朋友去那里喝茶，朋友到了后都提出要换个地方。我问他们原因，他们说那里的设计感太强了，人就像被推到舞台上一样，感觉不是很自在。这里面还有一层潜藏的意思没有明说，他们觉出了这个空间从审美上，远远高于自己的审美，有一种被教育的感觉。

这种状况也常常存在于产品设计中。我有个好朋友，做了一个叫北纬三十八度的品牌，卖的是西北地区的土特产，以若羌红枣为主打产品。有一年我们结伴去日本，他在京都买回许多设计精美的和果子，回到广州后便着手改良北纬三十八度的产品包装。新的包装借鉴了日本和果子的包装设计，比之前精美了许多。然而一年后，我问起新包装怎样，他说又用回了之前的包装，用上那款设计精美的包装后，销量大减。这是怎么一回事呢？归根结底，是作为伴手礼的和果子与西北特产之间存在着很大的产品差异。土特产的包装设计得过于精美，很容易给人贵的消费暗示，会让顾客隐约觉得这款产品背后的商家赚了很多利润。

有一个产品叫"椰树牌椰汁"，包装设计几十年不变，常被设计界拿来当反面教材，我对此却有不同的看法。这个品牌在商业上是相当成功的，但它的产品包装设计用"粗俗"一词来形容并不为过。从品牌的角度来看，这却是一种放低姿态的行为，让消费者在面对产品时，能有一种审美上的优越感，从而选择它，这也是一种高明的策略。这个品牌成功到哪种地步呢？在大多数领域，常常会有一个棋逢对手的竞争品牌如影相随，就像百事可乐和可口可乐、加多宝和王老吉。然而当你想在超市货架上买一瓶椰汁的时候，找到椰树牌的竞争产品却不那么容易。

只因消费者的普遍审美不够好，我们就不去做设计了吗？并非如此，设计的价值不只是解决审美问题。设计师的核心能力之一，是根据产品和它所要面向的消费者，去把握要将设计做到何种程度，是普通还是出众，是充满设计感还是"看上去没有设计的设计"。设计的本质始终是在解决人与人、人与物、人与空间的关系，要在欲望和冲突之间求取平衡。

如今，在我们熟知的生活方式领域，有太多的过度设计。如果一间独立咖啡店看上去充满设计感，似乎还情有可原，毕竟咖啡店的顾客多为城市里的年轻人，他们需要特立独行的新鲜感。然而，很多农产品的包装也充满设计感，要费好大的力气才能分辨出盒子里装的到底是什么东西，完全抛弃了农产品应有的朴实感和可食感，远离了产品本质。

日本的茶室大多是依照茶室主人的个人趣味而建，仅从外表看很平常，一旦置身室内，便能让人安静下来。在茶室兴盛的16世纪，日本正值动荡的"武士时代"，茶室因此成为远离纷扰的桃花源。茶室的出尘和朴素，是针对武士生活中的紧张而设计的，看不到强烈的设计感，却是一种很高明的设计。

精品咖啡品牌蓝瓶咖啡诞生于旧金山，创始人詹姆斯·费里深受日本茶道的影响，将日本的茶室设计语言引入到咖啡店的设计中，它便有了极简的气质。这个品牌也因此深受日本人的喜欢，在当地市场表现很好，以至于很多人误以为这是个日本的咖啡品牌。

中国本土的咖啡品牌三顿半在产品设计上值得称赞。它将咖啡制成液体后还原成固体，装在一个小盒子里，只需用水或牛奶冲泡，便可得到一杯咖啡。三顿半在上海开了一间咖啡店，在空间的设计上，也很与众不同。店内的桌椅装有轮子，可根据需求移动。这为喜欢喝咖啡的年轻人创造了一个新的社交场所，陌生人可以通过改变桌椅的组合方式，拼在一张桌子上喝咖啡。

适度的设计感可以让一个品牌从千篇一律中脱颖而出，成为特立独行的"猴面包树"。好的设计是从根本上改变产品、空间以及和消费者的关系，而非花里胡哨的创意。经常乘坐飞机的人对机场都会有一种冰冷的认知，至少会认为机场是缺乏温度的。无印良品在改造日本成田机场三号航站楼时，将带有导视作用的跑道和能够躺下休息的沙发引入设计中，改变了机场千篇一律的刻板印象，给人以舒适的感受。

多数人都喜欢整洁的空间，却不那么喜欢有洁癖的人。当下有许多设计师喜欢用设计美术馆或画廊的方式去设计日常的生活空间，在我看来，这两种空间解决问题的方式完全不同。美术馆是非日常的，就像一个有洁癖的人，有追求极致的倾向。我们一旦置身于美术馆，就仿佛置身于美学的教堂，很容易被其强大的气场震慑住。然而，此地不适合久留，每天待在美术馆里就像和一个有洁癖的人朝夕相处，早晚会不舒服。对于日常的生活空间而言，适度的凌乱更容易让人感到自在。在为这样的空间做设计时，适当的放松是必要的，要给灰度空间留有余地，也要让空间照顾到人的情绪，而非用自身的完美将人拒之门外。

还有很多设计师，由于读书时受过和艺术生相同的美术基础训练，有一些绘画和造型功底，他们的理想是有朝一日成为艺术家。对此我很能理解，却绝非我个人的理想。在成为设计师之前，我在嘉德拍卖工作过五年，经常和艺术家打交道。在我的认知中，艺术和设计看似相近，实则是南辕北辙的两条路。人们批评艺术家的作品匠气时，会说这个作品太过设计。站在设计师的角度来看，艺术品无须解决任何问题，更不需要具有实用价值。实用价值高的艺术品，比如酒店里的装饰画，往往都成不了上好的艺术品。

和吃有关的东西是比较难设计的。试想一下，我们喜欢跑到"苍蝇馆子"吃东西，在那里又能见到多少设计感呢？与此相反，我们在街头见到一家新开的餐厅，窗明几净，门头和空间都很有设计感，是否会有这家店的东西多半不好吃的直觉产生呢？它所传递的印象和"苍蝇馆子"是相反的。

如今，许多设计师在做食品包装设计时喜欢用插画，这是我十分反对的。为食品做包装设计，首先要解决让食品看上去有食欲的问题，应该让消费者透过包装感知到食物的味道，并被其吸引。一张如实呈现的食物照片，所见即所得，好过天才大师的插画作品。

也有很多品牌以设计感闻名。比如丹麦音响品牌B&O。它宣扬自己的产品是技术与艺术的融合，艺术部分指的就是设计。丹麦许多知名产品设计师为B&O工作，设计感在它的产品中一直占有重要的地位。这么说吧，它们五十年前设计的产品如今依然不会让人感到过时。B&O与任何一个音响品牌都不同，它的设计感让你忽略了它的音质，当然它的音质也很不错，只是稍逊色于"发烧音箱"。我在音响行业从业多年，有许多梦寐以求的音响产品，比如B&W的鹦鹉螺，但当我决定要买时，还是选择了B&O，因为它摆在那里，就能让房间充满设计感。

从解决问题的角度去看，设计不是无用的装饰，更不是设计师的自我表达，而是一种整体性的平衡。为生活方式做设计更是如此，设计师首先要热爱生活，懂得一个地方的人们为何要这样生活而非那样生活，才有可能把握住设计的本质，做出适度的设计感。

DESIGN
LIFESTYLE.
—

没有设计就是最好的设计

去设计木墨

我初次见到木墨的家具是在作家宁不远的家里。2020年夏天，她请我们几位熟识的朋友去家里吃饭。她的家初看是那种无印良品式的极简，却又让人更放松一些，樱桃木做的家具和墙面的留白很有生活感。宁不远说，她在装修这所房子时没有请室内设计师，都是按照自己的想法来的。这或许得益于她良好的审美情趣，除了作家这个身份之外，她还是女装品牌远家的创始人、一位服装设计师。

那餐饭，大家对一道用青豆、嫩南瓜和青花椒做的"懒豆腐"赞不绝口，据说这是宁不远老家米易那边的风味。我却一直在琢磨那张樱桃木的长餐桌，它的表面没有被打磨得十分平整，因此有着很好的手感。饭后，我特意问了宁不远，从而知道了木墨这个品牌。

几天后去新山书屋，在附近见着木墨的家具店，进去逛了回来后，我也成了木墨的顾客。木墨的家具看上去没有太多设计感，但每一个细节却又恰到好处，很是耐看。比如桌面转角的处理，我是不喜欢倒角和圆弧的，总觉得这些小动作有损家具的气质，而这些讨好人的动作在木墨的家具上很少见到，转角被保留下来，正是我想要的风格。

2021年秋天，我们参与设计的明月远家民宿开幕。远家与木墨一起在这里筹办了双手做工市集，并邀请我去现场做分享。在那里我认识了木墨的创始人李思恩。我的《设计研习》一书出版后不久，有天接到李思恩的电话，他邀请我为木墨升级品牌。那时我才知道，木墨已是个年营收接近两个亿的生活方式品牌，在此之前，我一直误以为木墨只是个营收两三千万的初创品牌。

一个雨夜，李思恩出差来成都，我们在木墨的成都展厅里再次见面，一起探讨木墨未来的可能。我发现他是个内向的人，也不喜欢社交，甚至对营销有些抗拒。因此，我对木墨如何从一个小众的生活方式品牌，发展到现在的规模，充满了好奇。

在接下这个邀请后，我找时间去了一次温州瑞安——木墨品牌的诞生地。木墨在瑞安的总部和全国各地的展厅看上去别无两样。我抵达时,李思恩正在自己的工作室往陶罐中装多肉植物,双手沾满泥土。在他身后的制陶室里摆满了各式各样的陶器。那一刻,我似乎理解了他为何要创办双手做工市集了。

创始人在生活方式品牌中扮演着至关重要的角色。在创办木墨之前,李思恩的理想是通过影像做展现,以艺术表达为职业。然而有次意外让他从山上摔下来,长时间的修养导致他无法拍照,这才有了他创办木墨的经历。

我对木墨的产品并不陌生,在这之前已经与之朝夕相处了一年左右。在我看来,木墨是那种日常的,而非摆起来给别人看的家具。木墨的产品设计风格在夏克式(Shakers)的基础上有所发挥,设计的美感来自纯粹的功能。这种设计倾向于平直,少有圆弧和曲线,设计的细节多隐藏起来,看上去就像没有被设计过。这其实是一种十分高级的设计语言,但不太容易让人第一眼便心生爱意,只有在长久的相处之后,才能够感受到产品的细节、手感和温度。

有木作设计师用"一看就会,一做就废"来评价木墨的产品。我相信功力深厚的设计师都能感受到木墨在产品设计上的扎实功底。木墨的家具摆在家里，不太会自我炫耀，却很容易和多样的生活空间友好相处。然而并不是所有人都能认识到这一点，那些设计风格鲜明的家具更容易让顾客产生一时冲动的想法。

木墨的家具展厅大多选在由老厂房改建，且文化氛围极好的创意园中。这样的空间开敞方正，木墨的产品又少有圆弧曲线设计，二者相得益彰，使木墨家具陈列在展厅中时，给人带来横平竖直、方正利落的气息。或许有的观众在看第一眼时很难被打动，但从木质气息、绿植搭配，以及生活体验，细细感受，这一切就都对了。

说到品牌标识，木墨一开始就充满了设计感，这往往是小而美的品牌在出发时所追求的——旗帜鲜明地表达与众不同。时至今日，木墨品牌已经走过了十几年，进入了青年期，但它的品牌标识仍停留在少年时。这就好比人的身体长大了，身上穿的衣服一直没有换，衣服束缚了身体，人需要从紧绷的状态中解脱出来。

李思恩希望木墨这个品牌未来更加普及，能够参与到更多人的生活方式中去，比现在更大众一点。这也恰好是生活方式品牌的成长路径。就像日渐被人熟知的蓝瓶咖啡，早年无疑是一个区域性的生活方式品牌，与众不同，充满个性。然而近年来，随着它的门店越开越多，个性被一点点弱化，品牌地位却逐渐主流起来。但蓝瓶咖啡和星巴克还是有着明显的区别，它的发展是克制的，店铺选址始终遵循着自己的原则，喜欢在有历史感的老房子里开店，到了中国也不例外。

　　木墨也是个有原则的品牌。它几乎不在家具卖场里开店，以此与市面上绝大多数家具品牌分别开来。常被拿来与它一起讨论的，是梵几、失物招领等几个优秀的原创原木家具品牌。木墨对营销这件事也不十分看重，回顾木墨十多年来的成长，很少能找到重要的营销事件。在木墨的门店里，家具是很少打折的。木墨创始人李思恩和他的团队把大部分精力放在"双手做工，养活自己"这一理念的践行中。

　　品牌是一个抽象的概念，它并不单独存在，而是产品、空间、营销、消费者关系等多方面的集合体。既然木墨最初是从家具产品开始的，我们在为木墨升级品牌时，便将立足点放在产品上，在产品不变的前提下，去调整构成品牌的其他方面。

设计
生活方式

与木墨清简、克制的产品风格相比,木墨的品牌设计就显得过于特立独行了。木墨的产品设计不是没有特点,其特点正是蕴藉含蓄。过于鲜明的品牌设计风格让它显得太过靠前,我们需要对它进行一次校正,让它"后退"一点,和产品设计语言保持一致。木墨品牌给人的印象是方正和硬朗的,这和产品中少有弧形设计有关。品牌标识也给人相似的感受,这或许和品牌标识中将"木"字的撇、捺笔画取直有关。如果将这两笔恢复成曲线,这种生硬就会被弱化。在产品风格不变的大前提下,我们决定减少品牌标识里的设计感。

我初入行做品牌设计时,在一篇评价丹麦设计的文章中看到过这样一句话:"没有设计就是最好的设计。"苹果公司的创始人乔布斯似乎也很认同这样的理念,关于这一点,我们在苹果的产品中可以看见。在我看来,这句话的意思说的是:最好的设计,看上去往往是一种"没有设计感"的状态。对于设计师而言,坚守这样的理念要做出很大的牺牲,可能做一辈子设计都与设计大奖无缘。我们所面对的大众,设计从业者也好,企业创始人也罢,城市管理者也可算在内,往往只是把设计当成一种工具,通过设计去博眼球,谋求出位。看看我们街上的餐饮招牌名,"厕所串串""叫了个鸡""陈罐西式茶货铺",真是语不惊人死不休。再看看被拆去龙头的北京盘古大观龙形

1	2
3	4

图片提供

1 杨易 2 胜捷
3、4 王嫣

在李思恩看来，木墨也是一个手工艺品牌，希望在"双手做工，养活自己"的前提下，帮助到更多人。

图为木墨创始人李思恩，以及他亲手制作的陶器和木墨店招。

设计
生活方式
—
041

建筑群、河北燕郊的天子大酒店，这些丑陋的建筑背后无不是对设计感的极致追求和野心。各地正在崛起的旅游景区、城市公园和美丽乡村兴起了追求"网红建筑"的风潮。也许要等到许多年后，"过气网红"无人问津的时候，建造者才会去反思当年一味追求设计感带来的弊端。

用"没有设计就是最好的设计"这句话来评价木墨的产品一点也不为过。我也想把这种清简且克制的精神延续到木墨的品牌设计中去。我将此次木墨的品牌升级定义为"去设计"。让木墨的品牌标识与产品设计语言保持一致，将设计感隐藏起来，使其具备普通美。通过"去设计"来优化品牌带给人的感受，从表达设计到表达生活，使其更有生活感。

通过弱化设计感，可以获得更大的品牌体量，使木墨成为与实际情况相符的主流生活方式品牌。品牌虽然是以平面为主要载体，在产品、空间、广告等场合出现，但仍会有体量的分别。比如我们一听到"中国石油""美的""农夫山泉"这样的品牌，便会觉得这些品牌体量很大，一来它们有着较高的知名度，二来我们也经常能见到它们的门店、产品或服务，甚至清楚他们的市场地位。而当我们提到一个小众品牌时，对于有些消费者而言，印象往往是模糊的。以B&O为例，这是一个在音响行业举足轻重的丹麦品牌，或许因为它的产品对大众消费者而言太贵了，因此体量感相对就小了很多。但对于喜欢音响的消费者而言，这个品牌又有着很深的影响力。

于是，在和木墨团队深度沟通的基础上，木墨品牌经过研习的再设计，设计感减弱，变得自然起来。其中，最大的改变是中英文的比例关系。在原标识中，以英文为主，英文MUMO占了整个标识60%左右。我希望新设计的木墨标识能够从中文出发，在这一前提下，新设计的标识的中文占到了65%，中英文的设计感均被弱化，去掉了几何感，变得自然起来。

由于木墨的品牌标识里没有图形标识，我们希望能有一个辅助图案来填补视觉锤的缺失。我想起木墨曾经使用过的一个木马图案，它作为视觉锤再合适不过。木墨的产品包含了家具的方方面面，床、柜子、桌子都不具备鲜明的特征,如果一定要找出某个产品来代表木墨，木马再合适不过。木马是木墨为孩子设计的系列产品之一，辨识度和制作难度都很高，带有一定的精神性，代表着父母对孩子的爱。木马图案是对这个产品的抽象表达，经过对其简单的再设计后，和MUMO英文重新组合，作为一个辅助图案来使用。

从产品出发重塑过品牌视觉后，还是要回到产品中来。家具是购买频次很低的耐用消费品，顾客购买过一次后，几年内都很难再次复购。何况木墨的理念又是"制作可以使用很久的物具"。在"家"这个空间中，家具是一个平台式的存在，它和食器、茶器、花器、书等其他物具共同组成了生活空间。家具对空间气质起到了关键作用，其他物具则能丰富空间的生活氛围。书架上若是没有书，书架也会感到寂寞吧？

我相信选择木墨家具的顾客对其他物具的选择大概也抱持着相同的审美情趣，在购买完家具后，便会去寻找适合同一空间的物具，而这样的生活物具，通常不太会在购物中心或家居卖场里出现。木墨筹办的双手做工市集为这些物具的售卖提供了一种崭新的、有趣的平台。它们招募具有手感和温度的小众品牌，其产品大多是手艺人或工作室出品，像日本的一些手工艺市集一样，将日用之美和手工艺结合，促进手工艺发展。在李思恩看来，木墨也是个手工艺品牌，希望在"双手做工，养活自己"的前提下，帮助到更多人。符合这一理念的手工艺品牌经过选择，可以进入到这个空间里来，与木墨的家具一起展售。同时，这些手工艺品牌的介入也让木墨品牌更有温度。

在品牌升级的进程中，恰逢木墨在杭州和创园筹备一个全

新的空间 ——"新造"。这个空间融合了产品展厅、民宿、市集、咖啡厅和餐厅等功能区。在这个空间里，木墨的家具和其他功能区围绕生活方式，展开了深入的互动。木墨试图从这个空间出发，去创造手工艺的另一种承载空间。虽然这已经脱离了木墨的经营范畴，但木墨所倡导的生活方式理念在这里得到呈现，成为木墨品牌的一种形象补充。

我在设计自己的家时，也没有请空间设计师参与，这并不仅仅因为我自己也是设计师。品牌设计和空间设计之间虽然没有鸿沟，却不完全一样。我有许多空间设计师朋友，但凡我寻求帮助，他们多半会助我一臂之力。只要我邀请的空间设计师足够优秀，他必定有自己的审美倾向，很难和我的审美完全一致。自己去设计自己的家，虽然专业上会有一些折损，但可以最大限度地保证是我想要的样子，毕竟自己要和这个家朝夕相处。我问过许多购买了木墨家具的顾客，他们大多保持着和我类似的想法，这给了我一些思考：一定要空间设计师参与设计后，这个空间才会更好吗？

木马是木墨为孩子设计的系列产品之一,辨识度和制作难度都很高,带有一定的精神性,代表着父母对孩子的爱。

DESIGN
LIFESTYLE

—

```
1 | 2
  | 3 | 4
```

图片提供
1、2、3 木墨
4 杨易

木墨的产品设计风格在夏克式（Shakers）的基础上有所发挥，设计的美感来自纯粹的功能。这种设计倾向于平直，少有圆弧和曲线，设计的细节多隐藏起来，看上去就像没有被设计过。

设计
生活方式
—
047

木墨 MU MO

制作可以
使用很久的物具。

全国13城19店　南京·上海·杭州·宁波·温州·瑞安·厦门·深圳·广州·武汉·成都·西安·青岛

DESIGN
LIFESTYLE
—
048

木墨 MU MO

以木墨的木马产品为灵感的
视觉识别符号

在无需解决识别问题的前提下使用的
品牌辅助符号

制作可以
使用很久的物具。

品牌口号设计

适用于不同场景的品牌标识组合

设计
生活方式
—
049

DESIGN
LIFESTYLE
—

050

1 | 2
  | 3

图片提供 木墨

木墨的家具展厅大多选在由老厂房改建，且文化氛围极好创意园中。

图为木墨南京展厅 。

设计
生活方式

—

051

DESIGN
LIFESTYLE

—

052

1	2
3	4

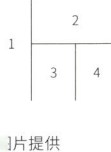

片提供
、4 木墨
、3 胜捷

这里除了是家具的展售空间，也是手工制品展览和艺文空间。木墨经常在这里举办艺文活动，让顾客在购买行为发生前，事先了解到木墨品牌呈现出来的是怎样一种生活 。

图为木墨在杭州天目里的新展厅 。

设计
生活方式

我书房里的家具总是移来移去。夏天，我喜欢将书桌靠近窗边，面朝院子里茂盛的树木看书。冬天，我又希望它离窗边远一点，把晒得到太阳的位置留给茶桌，我喜欢看冬日的阳光照亮沸水的水雾。除此之外，我喜欢这种空间变化带来的新鲜感，好在木墨的家具很适合自由组合。这让我想起了乐高积木。这么多年过去了，那些小小的塑料模块几乎从未变过，乐高的新产品却层出不穷。乐高与乐高发烧友们不断探索全新的积木组合方式，让更多消费者也能享受到自己动手的乐趣。

生活空间的创造能带来更大的乐趣。在室内设计如此普及的今天，仍有许多人选择自己动手，这会让人找到成就感。我想，木墨也可以基于产品"无设计"的特点，用搭积木的方式去做产品组合，从生活方式出发，不断探索组合方式提案，创造更多没有空间设计师参与的生活方式空间。与此同时，也让顾客基于木墨的产品，享受自己创造空间的乐趣。

生活方式空间的提案又从哪里入手呢？木墨的家具，除了家用外，还曾被许多民宿、独立咖啡馆和茶室选择。因此，我们建议去呈现没有空间设计师参与的书房、茶室、工作室、独立咖啡馆、民宿和儿童空间，给有提案能力的顾客以舞台，将他自己动手呈现的空间展示给更多顾客。

我又想起宁不远书房的样子，便和她商量，可否将这间书房作为没有空间设计师参与的书房案例，呈现给木墨的顾客呢？她欣然同意。于是我们与木墨一起策划了这个提案，设计制作了一本小册子，如实地呈现了作家宁不远的书房。恰逢宁不远的小说《米莲分》出版，我们又在杭州天目里举办了小说的分享会，并将这本小说摆到了木墨全国展厅的书架上。宁不远还写了一篇文章，谈她的书房和写作。

因为有了"人"的参与，他的生活方式也被代入了木墨所呈现的空间，让顾客在购买行为发生前，事先了解到木墨家具呈现出来的是怎样一种生活。人、产品、空间三者之间共同构筑起一种生活方式，在整个过程中，设计的存在感被弱化了，生活感慢慢出来了。

我的书房　　　　　　　　　　　　　　　　　宁不远

宁不远
作家、远家品牌创始人。
出版有《丰收》《素与练》《把时间浪费在美好的事物上》《米莲分》等。

　　书房里的书桌和书架都是木墨的，除去天然材质这一点，我更欣赏木墨的是它有一种平和的美感，不争不抢的。木墨家具几乎可以和我家里任何风格的东西搭配起来，仿佛它的存在不是为了彰显它自己，它有一种为他人考虑的心。能做到这一点是很了不起的，就像人一样，一个强大的人才能真正无我。它也没有一味去追求精致，当然也没有刻意追求粗犷，它是适度的，不怕被看见也不怕被忽视。在高度物质化、效率化的今天，它的谦逊和朴实很珍贵，打动了我。说到这里越来越像描述一个人而不是一个品牌了，但风格不就是人格吗？

　　几年前我曾经去过瑞安——木墨的大本营，在他们的工作室、工厂和线下店走访，也和创始人李思恩深入交流过。那些天我接触到的所有人和事都神奇地"一体"了，他们有一以贯之的精神，最终他们又将那种精神性变成了桌子、椅子、书架和其他任何可以用木头表达的东西。

DESIGN
LIFESTYLE

1

2

图片提供
1 宁不远 2 领唱

安于一间书房,我知道这对我有多重要 。
——宁不远

设计
生活方式

我的书房是家里除客厅外最大的一间房,带厕所和阳台。房间里除了书和书桌,还有可平躺睡觉的双人沙发和可半躺的单人扶手椅。这些家具和客厅里的皮质沙发不一样,都是布做的。还有茶具、烧水壶、穿衣镜、跑步机、音箱、三只手感很好的毛绒小熊玩偶、两盆绿植以及最近刚刚更换的台式一体机(代替以前的笔记本)。如果需要,我可以在书房里被关上一两个月不出门,有人定期给我送吃的就行。

我有三个孩子,所以不要说一两个月,从来就没有机会在书房待上一整天,因为总有孩子在敲门。尽管如此,我今年春天还是在这里写完了小说《莲花白》。

春天的大多数时候是这样过完的:早晨送完上学的孩子出家门,我就把自己关在书房里写啊写,到中午的时候,吃完饭回到书房睡个午觉继续写。当然这当中包括无数个写不下去的时刻,那时我就站起来做点别的什么。下午五点多孩子们回到家,我一个人的好日子结束了,到夜里十点我才再次走进书房。在四十分钟跑步机或Keep锻炼之后,窝在扶手椅里读一小时书,一天就很快过去了。我并不是每天都能这样,周末是属于家人的,另有一些时候我必须出门完成品牌在城里和乡下的工作,中间还有两次短途旅行。在外面的时候我总是无比想念书房。

在这套房子里生活四年了,也不是一开始就那么喜欢钻进书房。我曾经也和很多写作的人一样，写东西得去咖啡店或者茶房。写上一部小说《米莲分》的时候，我还把自己放逐到一座海岛上半个月。那些时候，写作是我生活里的特殊事件，所以潜意识里觉得写作的空间也应该是特殊的吧。直到今年，写作突然就变成了日常，大概是心里真的升起了那种类似信念一般的东西。我总有些时候忍不住想：剩下来的人生，就这么一天天读下去写下去吧。这个时候，也就很神奇地，我可以坐进家里的书房写了。

那信念到底是什么呢？相信自己能写出了不起的作品吗？不是。相信靠写作可以养活自己吗？更不是。不太能说得清楚的。但总的来说，有点非如此不可的意思，是知其不可为而为之，但内心又是高兴的，高兴且平静。

且不要小看这变化，安于一间书房，我知道这对我多重要。

生活方式三人谈 [1]

朱星海 × 宁不远 × 李思恩

朱星海：研习品牌设计创始人
宁不远：作家、远家品牌创始人
李思恩：木墨品牌创始人

朱星海：我正在筹备一本叫《设计生活方式》的书，里面收入了四个生活方式品牌案例，其中就有木墨和远家。我们三个人第一次见面好像是2020年明月远家开业，在双手做工市集上各自做分享，这种形式的对谈从来没有过。我们有一个共同点，都在围绕生活方式做事情。作为生活方式品牌创始人，我想请两位各自谈一下，你们怎样理解"生活方式品牌"这个概念。

宁不远："生活方式品牌"，我感觉这是一个发展中的概念，不同时期它所呈现的样貌会不太一样。最开始我们其实没有意识到远家是一个生活方式品牌，我们以为自己就是做衣服的，后来人们会说，你们在通过你们的衣服传递一种很棒的生活方式，这个说法让我们很开心。我想表达的是，远家这个生活方式品牌可能不是打造出来的，是远家团队和顾客一起活出来的。

---

1 本文根据2022年在杭州天目里举办的双手做工市集"作家的书房"三人谈整理而成。

李思恩：刚刚说到围绕生活方式去设计和创作物具，我们不是为了品牌而做生活方式，而是为了生活方式去输出品牌。

朱星海：我在最初创办品牌设计公司时，主要服务于一些大品牌，比如万科、万象城、太古汇等，近年来我对宏大的事情渐渐失去兴趣，甚至会感到无聊。而在为远家、木墨这样的品牌做设计时，却感到温暖且有趣。请问两位是如何看待温暖和有趣这两件事的？在你们看来，生活方式品牌和传统品牌的本质区别是什么？

宁不远：大品牌更在意宏大叙事，而小品牌比较容易看见个体，有个性和温度的个体。如果有人说"啊，宁不远是个温暖且有趣的人"，我会很开心的，我想品牌也一样。

李思恩：传统品牌输出更多是一种功能和需求，而生活方式是一种可做选择的事情，是内在理念的契合与更有深度的对话。

朱星海：我一直有个观点，对于生活方式品牌而言，创始人所扮演的角色十分重要。我想深入了解一下，你们在自己创办的品牌中，扮演着怎样的角色呢？

宁不远：在创办初期，一个人就是一支队伍，如今远家已经走过十二年，我们有了上百人的团队，也有了一套相对完善的，在长期探索中磨合出的工作方式。我也从一开始的多面手变为现在很少有机会参与到具体事务中的"懂事长"。有时候我觉得自己就是个吉祥物，不做任何事就能得到别人的喜欢和肯定，非常感谢同事们每一天的努力。

李思恩：在初创时期人员不是很充裕的情况下，我一个人会做所有的事情，现在有同事们的加入，能够放下一大部分，可以更加深入到设计以及自己擅长的事情中去。同事们称呼我"掌柜"。工作中我需要和专业的同事进行一些方向性的探讨。

朱星海：我知道远家和木墨之间有很多合作，比如明月远家民宿里用的是木墨的家具，木墨和远家也一起举办过双手做工市集。我想知道你们怎样看待彼此的品牌？

宁不远：木墨很棒，我家里的木头家具几乎全部来自木墨。我是先做了他们的消费者才和李思恩成为朋友的，我去过木墨在瑞安的总部。记得那天我走进三楼一个特别大的房间，里面放满了木头和家具，还有很多泥巴（那时候李思恩就在尝试做陶艺）。李思恩的桌面乱得可爱，当时给我的感觉是走进了一个大男生的大玩具房。如果我是男生，我也想拥有这样一个地方。李思恩有特别天真的一面，质朴又天真，但同时他也有他的聪明，聪明且善良，总之非常可贵，而木墨的气质也完全是创始人李思恩的气质。

李思恩：相较于品牌，我更加看重的是品牌背后的人和理念。宁不远的品格会反馈到她的作品里，她会珍惜作品的方方面面。我不常买女装，基于对宁不远的信任，所以认同这个品牌，也常能感受到他们的温暖感与善意。在品牌的表达上他们非常理想，这并非是刻意学习能得来的个人化才能。木墨的设计是保持一定的生涩与距离感，不会过于注重这个行业本身的细节和一些潜规则，我们希望它是透明和简单的。

朱星海：我们三个人都有一种共同的身份，就是设计师，只不过设计的东西不同。我记得在木墨瑞安的工作室里问过思恩，好像木墨的家具都是你自己画草图，而宁不远也要参与远家的服装设计。我想了解下，你们是如何看待设计的？

宁不远：我原来是一个不懂设计的人，只是碰巧做了设计，所以可能会有一些比较不按规矩来的工作和思考方法，这是优点也是缺点。其实很长一段时间我都不好意思对别人讲我是个设计师，我更愿意别人叫我裁缝、劳动者、干活儿的。我做衣服通常是在做减法，我觉得市面上大多衣服都太复杂了。衣服而已，为什么要加那么多东西？我甚至觉得"设计"本身就是可疑的，直到有一天在某个日本设计师的书里读到一句话：减法也是一种设计。我一下子被安慰了。

李思恩：我认为设计是为理念服务的。它基于对理念的理解而构思，是对理念的一种传达。了解并清楚理念，再准确地传达和物化，这需要长时间的积累。

朱星海：宁不远这些年来好像一直没有停止过写作，你的新书《米莲分》是一个新的开始，但不是刚刚出发，在此之前你已经出版过许多书了。作家这个身份的存在感不亚于远家品牌创始人这个身份。李思恩在创办木墨品牌之前一直以影像为个体事业，在我们过往的交流中，我也能感觉到你对艺术的热衷。我想知道你们是如何看待文学或艺术的？文学或艺术在你们的一生中，又扮演着怎样的角色？

宁不远：文学是我生活的锚，或者基座吧。

李思恩：我以前可能会把艺术看得相对比较重要，但是现在觉得艺术就像日常一样，更多的是关心它背后的理念，而不是表面的美和形式感。艺术也是一种专业度，会表达得好和不好，具备很多功能。对我来说它就是"游于艺"，文学也是如此，文学还会给我更多的思考、借鉴以及对于人生的理解。

朱星海：我们来聊聊"作家的书房"这个话题。在开始这个企划之前，我所想到的是找到几位有生活感的人，从使用者的角色出发，来谈谈自己对空间的理解。比如"建筑师的工作室""茶人的茶室""手艺人的工坊"等。"作家的书房"是这个系列企划之一。去呈现宁不远的书房，不仅仅是因为她有生活感和影响力，更是因为她本身就是木墨家具的使用者，她每天都在使用这间书房，而不是表演给别人看。我认为，未经空间设计师专门设计过的空间更能真实呈现空间主人的生活理念和美学观。在这里我也想听一下二位如何看待书房空间？

宁不远：我一天中除了睡觉，待得最久的地方就是书房。书房让我镇静，我也在好好爱护它。书房里堆满了怎么读也读不完的书，又绝望又满足。

李思恩：书房空间就是一种生活方式的呈现，我家最大的特点就是没有客厅只有书房，一面墙的书，虽然很多还未拆封。我认为书的价值远超它的物质性，无论对个人来说还是对社会来说，每个人都需要阅读。

朱星海：对你们影响最大的作家或艺术家是哪位？为什么？

宁不远：没有那种"影响最大的"，影响是因整体上的阅读发生的。一段时间会集中阅读一两位喜欢的作家的作品，比如去年集中读完了石黑一雄的所有作品，今年在读菲利普·罗斯，读的过程里觉得应该回过头去看看卡夫卡，读了卡夫卡，感觉应该再读一读陀思妥耶夫斯基，于是上个月读了《卡拉马佐夫兄弟》。总之，阅读是在为自己编织一张网，让你感觉到置身于某种传统之中，这很棒。

李思恩：那我聊一个设计师吧，恩佐·马利，他是意大利设计师，提倡开源式设计。他把他的设计变得非常开源，用简单的方式就可以制作家具。他有一段视频，用几块木板和钉子做成一张椅子，然后坐在上面。我觉得这个设计理念就是于公众和社会有益的设计。我青年时期喜欢加西亚·马尔克斯，中年时期喜欢卡夫卡，现在变得没有特定的目标了，但会被这种悬而未决的方式和氛围所打动。

朱星海：接下来的五年，会往哪个方向走？

宁不远：做远家，写小说。这大概就是我下半辈子的方向了吧。

李思恩：远家做了一个很不错的尝试，他们有自己的社区，我们也很期待有一个自己的社区，当然我们希望它能承载双手做工的生活方式，是能表达生活方式的社区，或大或小的。

DESIGN
LIFESTYLE.
—

童年里的隐秘孤独

情绪的设计

强烈的设计感来自设计师内心的表达欲望，然而真正懂得设计语言的人少之又少，这种强烈的设计感便少有知音，成为孤芳自赏的美学。星巴克不太会一心想着把咖啡卖给咖啡发烧友们，虽然它做得到，但那样就失去了广泛的大众，得不偿失。这也是咖啡大赛评委开的咖啡店一直做不大的原因，他眼里的底线已经超过了大众对咖啡认知的上限，难免曲高和寡。

把设计做得漂亮并不是什么难事。人们喜欢由温暖、舒适、明亮、平滑这些关键词构成的产品或空间。绝大多数为孩子做的设计，普遍符合这些要求，比如大多数幼儿园把墙壁刷成了糖果色，玩具也是糖果色的。糖果色会让人感到轻松和愉悦，但很难给人带来更深层次的感受。糖果色的泛滥使用又让它流于浅薄。黑、白两色反而更能表达强烈的情感。成年人往往不喜欢过于甜美、明亮的东西，甚至认为追求舒适是一种低层次的本能，反之，苦涩、衰败、遥远和孤独更能触动他们内心的情绪。

摄影师荒木经惟的《感伤之旅》中有这样一张照片：在幽暗的和室内，榻榻米上并排放置着两床被褥，床单上布满褶皱。照片中无人，而床单上的褶皱又似乎是有人生活过的痕迹。每当我凝视这张照片时，一种感伤的情绪便会慢慢涌上心头，宛如看见生命的苍凉和贫瘠。

张晓刚是我喜欢的中国艺术家之一，在他的系列艺术作品《大家庭》中，全家福里的每个人都面无表情，不悲不喜。他用一幅幅时代肖像来追问一代人的集体记忆。我想经历过"文化大革命"那个特殊时代的人们，看到他画中人的漠然表情时，该是再熟悉不过了吧。

童年的孤独是一种隐秘的孤独。小孩子很容易因委屈而掉眼泪，大人们则在哭声中离开，继续忙手里的事。小孩子只是单纯地享受眼泪的宣泄，一个人在那里孤独地号啕大哭，忘记了委屈。然而，在我们常见的关于孩子的绘画中，孩子大多是笑着的，笑着捡起玩具，笑着向前奔跑，似乎小孩子的世界里就只有天真烂漫、欢声笑语。然而终有一天，孩子们长大成人，逐渐衰老，某天被回忆触动，又想起童年里隐秘的孤独，才发现它们从未消散。

艺术家奈良美智笔下多是些孤独的小孩，表情里带着点不怀好意。我第一次见到奈良美智笔下的卡通人物时，便喜欢上了，仿佛看到曾经那个无力反抗，内心又充满委屈和愤怒的自己，这或许才是童年的本色。奈良美智说，他一直在挖一条通往童年的隧道，想要回到熟悉的地方，他的作品是给和他一样的人看的。

奈良美智在接受 *Berlin Art Link* 采访时说："我认为孩童是不受外界影响，也不需要在意他人眼光且能真实生活的时期。但随着时间的转变，人会意识到自己也是社会的一分子，会开始明白顺其自然，并透过压抑自己的情绪与人和平共处。但毕业后，艺术表达成为我日常生活的一部分，我开始渴望我的童年，因为在那时，我可以随心所欲地大喊、嬉笑、跳跃，这些都是长大后几乎忘记的情感，其启发让我重新评估人最重要的价值观。也许，我希望能透过小孩的作品来许愿，这莫忘初衷，不是想当一个自私的小孩，而是能像小孩一样。"[1]

1 选自 *Berlin Art Link* 杂志，Alena Sokhan，2015年

奈良美智有一间看得见风景的工作室，据说是在东京郊外，我只从照片里见过。几张照片都是从室内拍往窗外，不知道是在一幢怎样的建筑里，或许是间小木屋吧，那样更有温度一些。室内的面积算不上大，图片里只见一窗、一桌和几架书。坐在书桌前，从窗户望出，是草地或田野，视线越过矮树林，能看见连绵的远山。照片里四季流转，从春天的生机勃勃到冬季的万籁俱寂。最感动我的是冬夜的那张：窗外是暗夜将临的雪野，台灯的温暖光亮照在杂放着书本的桌上……这几张照片，一直存在我的手机里，不时拿出来欣赏一番，那该就是我理想中工作室的样子了吧。照片看久了，我也开始在成都郊外寻觅起看得见风景的乡野来，只是寻觅得不够努力，或许是担心住在乡下再难散步去咖啡馆吧。

　　我喜欢一位叫中村好文的建筑师，他也是小屋爱好者。或许是受了柯布西耶的影响，他在北海道的乡下建了一座面包屋，并写了本书记录下整个过程。最让我感动的是，他将旧面包屋附带的一间柴房改造成了可以看书的小木屋。这间屋子小得只能容下一个人，却让独处成为可能。有一些生活阅历的人才能懂得独处的重要性。

　　在日本，中村好文算不上是一个举足轻重的建筑师，或许这和他喜欢设计小屋有关。但从他的建筑作品和笔下的文章中看得出来，他是一个很懂生活的建筑师，执着于微小的事情，并乐在其中。我听说安藤忠雄这样的知名建筑师大部分时间都在处理工作上的事情，连和家人团聚的时间都少之又少。相比起来，中村好文的生活更值得我羡慕。

安藤忠雄最好的作品也是些小型建筑，比如光之教堂。小建筑比较容易让作为个体的人感受到建筑的关怀，而我们在国内见惯了的那些大型建筑或室内空间往往是忽略个人感受的。就拿国内的电影院来说吧，检完票走向放映厅的那一条昏暗的走廊，令人压抑得就像通往地狱的路。

回忆是人们共有的情绪，可以跨越时间的长河，经久不衰。表面上看，人们无时无刻不受到潮流的影响，被当下流行的东西带往前方。然而，任何流行的东西都会过时，并成为一代人的回忆，与其马不停蹄地追赶潮流，不如往回看。

我们这一代人关于电影的记忆，是从露天电影开始的。想想当年，从家里奔向放映机的那一路，满怀着欣喜和期待。人们早早地从家里搬来板凳，围坐在放映机边上等天黑，孩子们骑在大柳树上、篱笆上、父亲的肩膀上，片子是早已看过多遍的《地道战》或《小兵张嘎》，即便如此，人们依然热情不减，甚至比过年还要开心。

如今，哪怕是在一些偏远山区，露天电影也早已绝迹，电视机的普及改变了人们的娱乐方式。据说现在电视的开机率也在不断降低，手机正在替代电视机的功能。然而，露天影院依然是一代人的回忆，在失去了实用功能以后，情绪的价值被保留了下来。汽车品牌MINI在一次品牌活动中重现了露天影院的场景。它并没有让露天影院回到最初的状态，而是与当下的生活方式相呼应。露天广场的尽头是一块超大的屏幕，观众可以坐在舒适的MINI汽车座椅里观看院线最新上映的影片。

乡下长大的孩子多半也有关于崩爆米花的记忆：玉米粒被装进一个暖水瓶内胆大小的铁灶膛里，再撒上一把糖精，拧紧膛口，架在生起的火上烤。转了不知多少圈后，崩爆米花的小贩把铁灶膛的一头装进一个编织袋里，脚踩住袋口，用撬棍去扳膛口。"砰"的一声巨响，爆米花炸了出来。买爆米花的人看到别人家的孩子眼巴巴地望着爆米花流口水，总要抓上一把给孩子们。孩子们脏兮兮的小手捧不下，便用衣襟兜着，一边吃一边往家走……我已经很多年没吃过这种饱含着原始滋味的爆米花了，如今影院里那种裹着焦糖的爆米花似乎缺少了一点怀旧的情绪。

DESIGN
LIFESTYLE
—

小时候的秋月夜，孩子们喜欢聚在田间地头，用庄稼枯黄的秸秆点上一堆篝火，又从临近的红薯地里挖来几个红薯，围着火堆烤，那是我至今难以忘却的童年回忆。火在人们的生活中有着难以取代的作用，围炉而坐几乎是居住在寒冷地区的人们的共同喜好。在欧美人的客厅里，壁炉常常是一个家庭的生活中心，人们在炉边交谈、阅读，打发夜里的漫长时光。

在中国的许多地区，围炉笙歌依然是当下的一种生活方式。现在的小型精品度假酒店在设计公共区域时，常常要和那些规模宏大的五星级酒店有所区别，围炉便成了一个很受欢迎的设计题材。熊熊火焰所散发出的情感温度是那些装饰着精美大理石的电子壁炉望尘莫及的。

抛开产品或空间的实用功能，我们也可以通过设计行为赋予物品或空间以情绪。酒店大堂的主要功能是接待、办理入住手续，兼具会客和等待的功能，因此不少酒店设有大堂吧，提供咖啡、茶等饮品。我在瑞士旅行时，在一个叫萨斯费的小镇上住过一家别致的酒店。那里的建筑多是些木房子，室内也是原木风格，原本该是大堂吧的地方建起了壁炉。抵达时正值傍晚，炉子里的火烧得很旺，我们在徒步的路上淋湿了衣服，那个围炉而坐的傍晚成了令我们难忘的回忆。

因为对瑞士这个地方存着的美好印象，三年后我又重返瑞士。这一次我住了滑雪场的小木屋。抵达时已经入夜，巴士车蜿蜒着把我们带到山上的冰雪世界。办完入住，我找到属于自己的那间小屋，打开门，暖气早早地开着，昏黄的灯光照在干透了的松木墙板上，十分温馨。我拧开床头的收音机，恰好是一首乡村民谣。当我推开阳台上的门时，寒意带着雪夜里零星的灯火入怀，那一刻，我仿佛回到了出生地，在我脑海里重新设计过的长白山原乡。从那时起，我便有了一些愿景，我想要参与一些旅行目的地的设计，让它们也如瑞士之行这般美好。如今，距离最后一次瑞士之行已经过去了十几年，我如愿以偿，参与过一些旅行目的地的设计，但终究还在路上。

怀旧是一种值得去珍视的情绪。鼓浪屿上有一家赵小姐的英式红茶书馆，每次旅行至厦门，我都要去坐上一回。据说店主人很怀念她外婆年轻时的老厦门，于是四处收罗那个时代的古旧家具，重现了这样一间书馆。这家店的气质与鼓浪屿上那些喧嚣的空间完全不同，仿佛是20世纪的遗存，这是一种从怀旧情绪出发的空间设计。

成都老城玉林下横巷有一家当归咖啡也走这种怀旧的路数。据说这间铺子原是国有成都武侯粮站玉林二店，被改造成咖啡馆后，依然保留了几分粮站的朴素，店里尽是些有年头的古旧家具，临窗的一块挂板上写着"不期而遇，子时当归"八个字。咖啡是当下的生活方式，空间是回看过去的态度。这种错位设计不仅抓住了怀旧的情绪，还衍生出了生活方式设计的另一重追求——陌生感。

**DESIGN
LIFESTYLE.**
—

与自我舒服地相处

明月远家

关于远家的品牌设计，我在《设计研习》一书中已经分享过。这一次，我想借远家这个品牌，聊一聊情绪的设计。

远家第一次给我留下深刻印象是在他们的十周年演讲会上。那是2020年9月的一个下午，小剧场里坐满了人。舞台暗下来，一束光打在观众席上，一位穿着远家衣服的观众从座位里站起来，缓缓走向舞台，接着第二个人在追光灯的陪伴下进入视野。这些人里没有明星，甚至连时装模特都不是，他们都是普通人，甚至算不上漂亮，如果非要给他们一个共同的标签，那就是"喜欢穿远家衣服的人"。当我们厌倦了纸醉金迷，厌倦了美颜相机或医美所塑造的"美"，会发现这些穿着远家衣服的普通人美得特别真诚。演讲开始了，创始人宁不远只是演讲者之一，原本躲在衣服后面的远家人轮流站到舞台上，去分享远家这十年的故事。多数人从来没有过站在舞台上讲话的经验，讲得磕磕绊绊，讲着讲着，眼泪淌了下来。我左右看了一眼，坐在我身边的许多人也在抹眼泪。怎样形容那个场面呢？我做品牌二十年来，从来都没有见过。那天的我也没有例外，活动结束时，红着眼睛走出小剧场。

听了远家十年的故事，我便对这个做衣服的品牌充满好奇，它和我过往所熟悉的品牌太不一样了。直觉告诉我，这或许就是生活方式品牌理想中的样子。它不完美，甚至看上去还有一点笨拙，但它是有情绪的，它身边围绕着那么多温暖的人。

在那之后，我去了一次明月村，那时占地十三亩的明月远家还是个工地。这片白色的房子开建以前，远家在明月村有间小小的草木染工坊。那是当地村民的一座老房子，被重新翻修过，夯土为墙，屋顶也是土瓦。老房子面前是一个青石铺就的小院子，正对一片菜地，篱笆上开满了玫瑰花。

就在这个简单整修过的院子里，远家的创始人宁不远讲起她和明月村的缘分。有次她和朋友到明月村玩，无意间来到这个院子，见这户人家有个老式的脸盆架，很是喜欢，就问主人卖不卖。这户人家的主人见她喜欢，就把脸盆架送给了她，不要她的钱。后来她才知道，那个脸盆架是屋主人结婚时买的，

图片提供 凉笑

明月远家筹建之前,远家在明月村的一座老房子里改造的草木染工坊。

设计
生活方式

083

是有纪念意义的。就在那一刻，宁不远觉得这个村子很美好。

再来明月村时，她买了个新的脸盆架送给屋主人。因为这样的缘分，明月村的村民往新村里迁的时候，她租下并重新翻修了这几间老房子，还让舍不得从老屋搬走的屋主人继续住其中一间，正屋改成了远家的草木染工坊和服装店。从这里认识明月村后，宁不远慢慢对这个村子生出好感，最后买下明月远家的那十三亩地。做了十年衣服后，宁不远想在明月村里开一间民宿，这也是远家品牌的延续。

在草木染工坊吃过午饭，我们去看了明月远家的工地。房子刚建好混凝土的框架，一棵从宁不远老家米易移来的蓝花楹刚栽进明月村的土壤里不久。这棵树种在餐厅的入口，四面被玻璃合围，等到它枝繁叶茂时将盖过明月远家的屋顶。它把宁不远在远方的老家和这个新的"远家"联系在一起。

明月远家所在的明月村是唐宋时期的茶马驿栈，也是有着三百多年烧造史的邛窑所在地。这个不到七平方千米的村子地貌平整，远远地可以看到邛崃山，和川西平原上许许多多的村落别无两样。不同的是，这个村子里住着许多按照自己的想法建房子的"新村民"，宁不远也是其中之一。宁不远告诉建筑师，自己想要"落地窗""做手工的地方"和"许多植物",明月远家便有了眼前的样子。

进入明月远家,要从步道穿过一片竹林,村路被隔绝在外。树下是明月远家最大的一栋建筑,包含了服装展厅、草木染工坊、远咖啡、远书房和远剧场。穿过一片草地,靠近茶园和树林的地方散落着四栋独立的房子,里面有二十八间客房。

仅从建筑上看,明月远家平淡无奇,去看工地时,我甚至有一点隐约的担忧。在此之前,我们做过许多山野度假酒店的设计,见过许多大美之地。这里的风景既不够"野",房子也不够有设计感,唯一的优势或许就是远家十年来积攒下的"女朋友们"吧。

那时候,我们刚刚完成了远家的品牌设计,接下来要做的是明月远家的导视设计,要将原本在远家服装上存在的品牌视觉延续到这个全新的空间里。和远家相处的这些日子,我始终能感觉到远家这个品牌周围萦绕着一种情绪。

我无法成为远家的顾客,他们只做女装。恰逢远家举办了一个写作营,我便加入了进来,每天写八百字的作文。除了练习写作,我更想了解的是远家的"女朋友们"都是些怎样的人。我一连坚持写了八个月,和写作营里的很多人成了朋友后,我发现他们并未把远家当成一个服装品牌来看待,而是当成一种情感链接。有一次我旅行至伊宁,写作营里一位住在霍尔果斯的朋友热情地邀请我到她家里吃饭。我欣然前往,在她家客厅的一角,我又见到了远家衣服的包装盒,好像是特意留起来的。后来和宁不远聊起此事,她还记得这位远在新疆的"女朋友",她曾经到访过明月村的草木染工坊。

这样的例子还有很多,这些被远家称为"女朋友们"的人和远家的交往都很深。与其说远家在经营一个女装品牌,不如说是在经营"柔软"的关系。远家的团队很会照顾"女朋友们"的感受,这种照顾并非营销上的考虑,而是来自内心的真诚,当"女朋友们"感受到了,也给了远家同样的照顾。

明月远家的导视设计又该怎样让"女朋友们"感觉到被照顾呢?这是个有趣的课题。好在我们研习负责导视设计的合伙人九克也是一位女性。

我们设计明月远家导视的出发点,是希望把服装品牌远家带给人的感受延续到明月远家这个生活方式空间里。远家做的是日常的衣服，它不是为了某个重要的仪式而穿的。很少会有人用"这件衣服很好看"来评价远家的衣服，而是说"你穿上这件衣服很好看"。远家的衣服很少把身体紧紧包裹住，能让人与自我舒服地相处，所使用的面料也是柔软且舒服的。有时住在房子里和待在衣服里一样，都需要与自我舒服地相处。

一个能让人感到舒服的空间首先是放松的，设计感很强的房子反而不太容易做到这一点。我曾在一本杂志里见过某位知名空间设计师的家，用纤尘不染来形容毫不夸张。从照片里可以看出，这个家里从地脚线到天花板，从一张椅子到一盏灯，无不展现着设计师的用心。这位设计师的家是完美的，却看不到任何生活的痕迹。但凡多一件衣服搭在沙发上，或者有一盘剩菜放在桌面上，都会破坏掉这种完美。如果让我到这样的家里做客，我想马上逃走，我感觉在这样的空间里，人是多余的。

相比之下，明月远家的房子除了满足功能之外，没有多余的装饰设计，反而让人感到放松。导视设计上，我们也希望不要过于刻意强调设计，希望它像做衣服的布一样，是柔软且舒服的。

最开始，九克尝试用布来做空间导视，将柔软的特性从做衣服延续到做生活方式空间。先在需要做导视的墙面上固定好金属支架，再将布固定在支架上。布有着柔软的手感，即使不用手去摸它，眼睛也能感受到布的柔软。还可以先将布在草木染工坊里着色，再在上面丝印导视内容，这样远家衣服的特色便展现出来了。

这种做法最后被放弃，因为不好维护。远家的"女朋友们"大多已是孩子的妈妈，带孩子来小住可能是今后的常事。刚做完手工或是刚在沙堆里玩了回来的孩子，脏兮兮的小手很容易把布做的导视弄脏，清洗或更换这些布将带来很大的工作量。

于是，制作材料改用了不容易脏的白色金属板，导视内容丝印在金属板上。为了将导视的设计感隐藏起来，我建议直接将金属板贴在墙上，不做立体效果。这样当顾客走到导视前时，只会去看导视的指引，而不是感到这个导视牌在强调设计。

金属材料本身是不够柔软的，为了弱化这种不柔软的感觉，我们将导视牌的四角做了圆弧处理，让它柔和下来。丝印在白色金属板上的导视内容，中文字体选择了平易近人的楷体。这种在电脑字库里最常见的四种字体之一是大多数人所熟悉的，容易让人感到亲切。洗手间、教室、茶室、餐厅、安全出口等图标，在设计时有意回避了标准化和规则感，尽可能让人感到柔软且舒服。有人说："所有温暖的东西、所有慈爱都具有圆或椭圆的形状，由螺旋或其他形式的曲线描绘构成。只有冰冷、无情的东西才会表现为直线并且有棱有角。"

在这个占地十三亩的生活方式空间中，有几个空间很特别，也是整个明月远家经营的重点，分别是远咖啡、远书房和远剧场。远家的生活方式将在这三个空间上演。它们在将来也有可能从远家品牌中分离出来，成为三个独立的子品牌。在设计导视时，我们需要将它们从其他空间中区别开来，给予更多重视，但又要把握好尺度，不能喧宾夺主，抢了母品牌远家的风光。我在设计远家品牌时，已经考虑到了这一点，设计了一个介于方与圆之间的椭圆辅助图形。它是一个从方到圆的过渡图形，还没有完成转变，因此预示着不完美，与方或圆比较起来，似乎带着点拙气。

我们又将远家标识中经过设计的"远"字提炼出来，与楷体的"咖啡""书房""剧场"重新组合，成为三个子品牌的标识。"远"字以方与圆之间的图案为底色。

DESIGN
LIFESTYLE
—

明月远家所在的明月村是唐宋时期的茶马驿栈，也是有着三百多年烧造史的邛窑所在地。这个不到七平方千米的村子地貌平整，远远地可以看到邛崃山，和川西平原上许许多多的村落别无两样。

图片提供 凉笑

设计
生活方式
—
091

进入明月远家，要从步道穿过一片竹林，村路被隔绝在外。

DESIGN
LIFESTYLE
—

我们设计明月远家导视的出发点，是希望把服装品牌远家带给人的感受延续到明月远家这个生活方式空间里。远家的衣服所使用的面料是柔软且舒服的，有时住在房子里和待在衣服里一样，都需要与自我舒服地相处。

1	2	3
	4	5

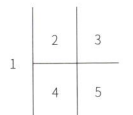

图片提供
1 远家 2 大白鲨
3 唐川 4 张小喜
5 知

设计
生活方式

093

DESIGN
LIFESTYLE

—

094

远家 YUAN JIA

远家的英文品牌

远家的子品牌

YUAN JIA

远书房　远咖啡　远剧场

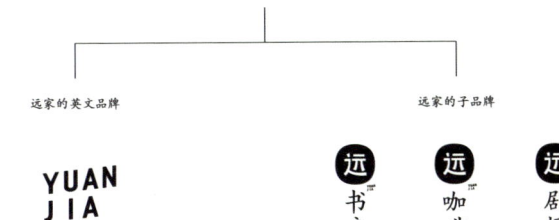

---

from inside to outside

将一个表达"未完成"的椭圆图形应用在导视系统中，
强调子品牌与其他导视之间的层次差异，
导视系统中所使用的色彩也比品牌色"捣返"更浅。

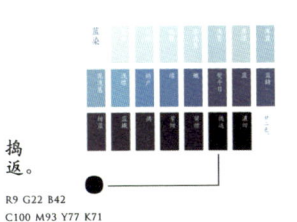

蓝染

捣返。
R9 G22 B42
C100 M93 Y77 K71

一种接近黑色的蓝染色。

导视用英文字体 Adobe Garamond Pro

ABCDEFGHIJKLMN　abcdefghijklmn
OPQRSTUVWXYZ　opqrstuvwxys　1234567890

导视用中文字体（楷）

染色博物馆手工教室客房区和室
剧场露天餐厅咖啡书房员工区域

导视用中英文字体

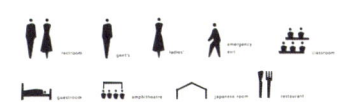

用简笔画一般的导视符号
去表达和衣服一样"舒适"相处。

设计
生活方式

095

1			5
2	3	4	6

图片提供
1 远家 2 领唱 3 大白
4 远家 5、6 钟廷栋

树下是明月远家最大的一栋建筑，包含了服装展厅、草木染工坊、远咖啡、远书房和远剧场。穿过一片草地，靠近茶园和树林的地方散落着四栋独立的房子，里面有二十八间客房。

DESIGN
LIFESTYLE
—

设计
生活方式
—
097

白色的金属板材质与白色的墙面融为一体，不同材质的对比增加了建筑的细节。导视图标和字体的色彩源自远家的品牌色，但它又比品牌标识所用的蓝染二十二色中的"捣返"更浅，名为"绀蓝"。相较用在同一空间中的品牌标识，"绀蓝"看上去更轻松，也略含蓄一些。这种有着黯淡光感的颜色就像夕暮时分的山峦，带有"远"的意境。通常情况下，人们常用红或橙这两种鲜亮的色彩来表达温暖，然而我们在体会过暖色的兴奋后，往往会在冷色中归于平静。远家是温暖且平静的，冷色更能表达这种平静。

整个导视设计原封不动地在明月远家落地，成为明月远家的一部分。远家的团队将布的柔软和舒适延续到被褥、睡衣和毛巾中，从触感出发，使住客感到被用心关照。

在做明月远家的设计项目之前，我去过很多次明月村。一直觉得在村子里喝不到一杯好咖啡是很大的遗憾，于是建议明月远家的主理人张小喜买一台好点的咖啡机。他听了我的建议，我也了结了自己的遗憾。从那以后，每次到明月村去，我都第一时间直奔明月远家，去吧台点一杯"远咖啡"。

DESIGN
LIFESTYLE.
—

与众不同的猴面包树

陌生感

如今,"旅居生活方式"这个词被提到的频率越来越高。城市街头多起来的咖啡馆、茶铺、小剧场和美术馆都已成为当下日常生活方式的一部分,就连远离城市的乡野也有了这个趋势。人们的旅行方式随之改变,人们不再满足于走马观花式的"到此一游",越来越多的人想要深入到生活的褶皱中去。

正因如此,那些将最佳景观圈起来收门票的景区正在失去原有的吸引力。年轻一代的旅行者并不太热衷于千篇一律的旅行方式:在喧闹的旅行团里挤上几个小时,在观光车或索道上统一行动,仅为看一眼在别人家照片里见过多次的景点,并拍一张证明自己来过的照片。他们更愿意在一个地方住下来,在看得到绝佳风景的精品酒店客房、餐厅或咖啡馆里,慢慢地和此地相处,甚至同一个地方可以去上好几次。当然,他们也愿意为此付出更高的成本,购买好的旅行体验。旅行目的地的生活方式化已是大势所趋。

我们为什么旅行？这个问题似乎不太好回答，每个人或许都有自己的答案。但从普遍性的角度来看，人们旅行多半为寻找"熟悉"或"陌生"这两种感觉。

还乡是一种故地重游，是为了寻找熟悉的感觉。作家席慕蓉是蒙古族人，她的父母都出生在内蒙古。四十六岁之前，她从未见过自己的家乡。1989年，席慕蓉第一次回到内蒙古大草原，彼时她已过不惑之年。她将眼前的草原和父母一次次口述的故乡两相对照，在熟悉又陌生的土地上，找到了回家的路，并创作了诗歌《父亲的草原母亲的河》。

除还乡以外，如若我们在某个地方有过短暂的生活经历，这个地方的某个人或某件事给我们留下了深刻的回忆，当我们再次抵达这个地方时，也会有一种熟悉感。有时，这种熟悉感也会在异地得到回应。我出生的小镇上有一条窄轨铁路，常常有装满圆木的蒸汽小火车从莽莽林海里穿过。我小时候常坐在铁路边，想象远方的样子。时隔多年，有回我在云南旅行，行至个旧，去到一个叫碧色寨的小火车站。我沿着铁轨走了一段路，那种熟悉的感觉重又涌上心头，让我对此地颇有好感。

陌生感又是怎样的一种东西呢？我们不妨以树为例。树是我们再熟悉不过的植物，几乎生长在陆地上的每个角落。东北有红松，西北有胡杨，东南多榕树，西南有银杏。即便是在塔克拉玛干这样广袤的沙漠中，也还普遍生长着一种叫作红柳的灌木。更为常见的状态是，不同种类的树混杂着生长在同一片森林里。有些树，我们甚至叫不出它们的名字，然而树的形貌却都熟稔于心：庞杂交错的树根，皲裂斑驳的树皮，遮天蔽日的树冠……即使存在树龄的差异，或是树叶形态的区别，我们也总能从树身上找到太多的相似性。

在非洲的马达加斯加岛上，成片生长着一种猴面包树，样子十分特别。怎样形容这种树的与众不同呢？曾经有这样一个童话故事：一棵猴面包树向上帝请求，它要成为所有非洲树木中最独特的一种。它不停地请求，令上帝不胜其扰。上帝从天而降，将猴面包树连根拔起，又将它倒插进土壤里，从此猴面包树"树根朝天"，终于成了所有非洲树木中最独特的一种。

当见到猴面包树的那一刻，它那与众不同的形象很容易在我们心里生根，这就是"陌生感"的价值所在。如果我们把"在千篇一律的森林里，做一棵与众不同的猴面包树"当成理想，那么设计便是"上帝之手"。

有时候，想要得到正确的答案，往往需要从相反的方向去寻找。我们之所以要去旅行，其中一个理由便是从自己熟悉的环境中跳脱出来，去到一个陌生的地方，呼吸点新鲜空气。所去的地方，如果和原本生活的地方并无太大差别，也就很难找到陌生感。

瑞士是一个理想中的旅行目的地，然而，身处理想国的瑞士人最想去的旅行目的地又是哪呢？答案之一是泰国。细想其理由，也觉得合乎情理。瑞士以制造精密的钟表闻名，个性严谨，而泰国刚好相反，热情且放松。两地之间的反差带来了"陌生感"。

成都也是知名的旅行目的地。在前几年，成都人去得最频繁的海外旅行目的地是泰国的曼谷，这几年，成都人开始频繁地去往三亚。对于长期生活在内陆城市的旅行者而言，海边生活具有强烈的"陌生感"。相比之下，中部地区的那些名山，在看惯了"窗含西岭千秋雪"的成都人面前就少了些吸引力。

宁夏中卫的黄河宿集目前已成为西北地区热度最高的旅行目的地之一。开放式的院落布局和土黄色抹泥的建筑外墙均取材于西北当地民居，客房和餐食则有别于当地水准。此地的"陌生感"又是从何而来的呢？答案在于大漠荒烟和高度城市化之间的强烈反差。

我习惯用"生地"和"熟地"来区分旅行目的地。生地是指那些少有人抵达的远方，往往自带陌生感。我在读了马尔克斯的《百年孤独》后，就惦记着要去一趟南美，看看那个虚构的小镇"马孔多"的样子。即使我知道它并不存在，但哥伦比亚会有它隐约的影子。这种地方也许一生只会去一次，并且准和我目前生活着的地方风情迥异。如果真的去了南美，我可能不会在某地长期停留，我还有很多想去的地方，比如波哥大世界书店附近的咖啡馆、亚马孙河、玛雅遗迹、玻利维亚的尤尼斯盐湖……在一次远游中，这些地方就像耀眼的珍珠，旅行就像串起这些珍珠的线。

近在眼前的熟悉之地是很难令人有陌生感的。我已在迪士尼乐园里排过几回队，"雷峰夕照"也看过几回，在古城里的每条巷子也都留下过足迹……在旅行者熟知此地的前提下，如何重建旅行目的地、旅行者和旅行方式之间的关系，创造出新的"陌生感"来呢？或许可以变"到此一游"为"到此旅居"。

杭州西湖边的灵隐寺，香火旺盛，游人如织，早已是公认的旅游圣地。安缦在灵隐寺边上起建了法云－安缦精品酒店，这间酒店改变了人们和灵隐寺的相处方式。住在寺边，听晨钟暮鼓，沿山间小道去寺里散步，该比匆匆一游更能体会古刹之美。

　　早年游京都，印象最深处是在城外的岚山。若是在京都城内遇见上好的茶室或咖啡店，应是理所当然的事。然而，当我们到了岚山，鸭川河两岸的咖啡店半点不输给京都城内。又因风景在岸，平添了几分悠然。以往，我们常感叹中国的乡村落后，连一间干净的厕所都可遇难求，现如今这种状况大为改观。成都周边的崇州有个以制作竹器闻名的竹艺村，他们邀请建筑师参与到乡建中，修建了一个叫"竹里"的茶空间。"8"字形的建筑语言一看就是非乡间的产物，于是它的陌生感成功地吸引了各地的来客。原本少有外人来的村子也热闹起来，建起了民宿、咖啡馆、美术馆，这个村子也慢慢与周边的自然村落区别开。

　　在城市里生活久了，生活方式就像被"驯化过"，会对咖啡馆、健身房、书店或餐厅产生依赖。一旦城市近郊的乡野里也有了这些空间，人们何尝不愿意去那里小住几日呢？旅居生活方式成熟时，日常生活和旅行之间的界限会越来越模糊，移动的生活成为可能。就拿我自己来说，选择以设计师为业便是因为这份职业有足够多的自由，不至于被长期困于某地，牺牲掉旅行的乐趣。

DESIGN
LIFESTYLE.
—

濯锦江边两岸花

从蜀锦到卓锦

专注于生活方式品牌设计，大概是我移居成都之后才开始的事。在此之前，我在广州生活了十二年，和成都也不是没有半点关系。2002年，我刚到广州工作不久，第一次搭飞机出差，目的地便是成都。《电子报》在沙湾会展中心举办成都音响展，我所在的公司是参展企业之一。

我记得忙完白天的工作后，去逛武侯祠，无奈早已闭馆。回程的出租车上火锅飘香，大概是上一位乘客刚刚吃过。这香味儿勾起了我的食欲，便请出租车司机载我去吃火锅。他将我载到一家叫热盆景的店门前，据说这家店开业于1981年。为了感受下正宗的成都火锅，我点了一个红锅。那顿火锅让我印象深刻，嘴唇被辣得肿了两天。当时的我也给服务员留下了很深的印象，一个人吃火锅不说，吃到一半还要了碗白开水，在里面涮一下才送进嘴里，旁边还有两位成都小妹掩着嘴笑。

设计
生活方式

如今，我已经很能吃辣，定居成都后也想过重温故地，那家叫热盆景的火锅店却早已没开了。和餐饮界的朋友聊起此事，他们都说我去对了地方，放在当年，热盆景算得上成都火锅界的鼻祖了。

我在成都已定居八年，对这个城市从一知半解到慢慢熟识。二十年前初入川时，街头巷尾的麻将声让我很不适应，觉得生活在这座城市里的人缺少进取心。二十年后，我已习惯了成都的节奏，又觉得北上广深快得不适合生活了。

若论经济的发达程度，成都和广州还有很大的差距。但要谈起生活方式来，成都则有得天独厚的优势。这地方身在内陆，自唐代起便已是"十步一茶馆"。发展至今，成都的生活节奏相较北上广深，仍要慢上许多。生活在这座城市里的人继承了先民安居乐业的思想，很享受"一亩三分地"的状态。初到成都时，一位当地企业家同我讲："你看成都周边的民居，房子相距较远，门前几亩地，屋后几丛竹。成都当地的企业也大概如此，觉得做好川渝已经够了，没有太大的欲望出川。"

初到成都时，我以一个外来者的角度去观察，发现餐饮和旅游业很有分量，都是生活方式的范畴，于是将着眼点落在这些行业上。八年过去，我在这两个领域都有涉猎，服务过的一些品牌在本地也都享有盛名。拿餐饮行业来说，生如夏花、三顾冒菜、何师烧烤、卓锦、听香这几个品牌，大部分成都人都知晓，放在全国的餐饮企业排名中也都还算不错。

近年来，我对成都的在地文化很有兴趣，一直想找个机会做到品牌设计里去。后来大蓉和旗下的餐饮品牌卓锦找我升级品牌时，说起"卓锦"这个名字的灵感来自"濯锦之水"，我想起了蜀锦和成都这座城市之间的关系，打算上手一试。

大蓉和酒楼是成都餐饮行业的老资格，始创于1999年，几十家门店遍布全城，这个品牌也几乎尽人皆知。卓锦是大蓉和旗下的高端川菜品牌，目前在成都有四家门店，规模都很大，之前用的品牌名是"大蓉和-卓锦"。在大蓉和创业二十三年后，这个品牌虽仍位居川菜企业的前五，但品牌印象已经固化，创新不足。虽然大蓉和能给卓锦背书，标明出身，但也带来了许多限制。此次品牌升级，卓锦希望能"去大蓉和化"，让品牌独立发展，有一个全新的定位和视觉识别。

卓锦的四家门店有三家位于新成都，加上做的是融合菜，我们便以"新川菜"为细分品类，将品牌名去掉大蓉和，变成

"卓锦新川菜"。我们希望卓锦能让更多商务客人从这里认识成都，因此我们想要给它更多的成都特色。

成都这个地方自古就盛产蜀锦，也称"锦官城"。流经这里的江叫"锦江"，也叫"濯锦江"。《文选》李善注引谯周《益州志》写道："织锦既成，濯于江水，其文分明，胜于初成，他水濯之，不如江水。"把锦官城里织就的蜀锦濯于锦江是制作蜀锦的一道重要的工序，"濯锦"一词也因此而来。诗人刘禹锡在《浪淘沙九首》里写过："濯锦江边两岸花，春风吹浪正淘沙。"这正是唐代的成都盛景。在人们的日常生活中，"锦"也是美好的比喻，如"锦衣玉食""前程似锦"。锦江和蜀锦是成都的两大符号，濯锦是江与锦的互动。"卓锦"这个品牌名又从"濯锦"而来，从品牌设计的角度来看，算是命题作文，正统的做法便是从蜀锦入手。

成都有几个与蜀锦相关的小型博物馆，我去了好几次，也翻了许多史料。我原想从三星堆青铜立像上的蜀锦服饰纹样中寻找灵感，详细研究后，又觉得不妥。三星堆太出名了，地标在四川广汉，如今已不属于成都所辖。

直到后来，一件现藏于新疆博物馆的"五星出东方利中国"

锦护臂引起了我的注意，这件出土于新疆和田地区尼雅遗址的文物是能够代表汉代织锦最高技术的蜀锦。"五星出东方利中国"八字纹样穿插在云气纹、鸟兽、辟邪和代表日月的红白圆形纹之间，字形特征为汉隶，由于受到织锦工艺的限制，又有着鲜明的特点。"卓锦"二字的中文字体设计便是以此为参照，横笔的收尾部分又加入了清代书法家伊秉绶的隶书特征。伊秉绶擅长以碑入隶，破除了当时隶书蚕头燕尾的媚态，我一直视他为清代以来集大成的书法家。从蜀锦中的汉隶出发，以伊秉绶的隶书收笔，最后再完成设计上的转化，使其成为设计字体，既避免了书法上的轻浮，又增加了审美上的当代性。

由于"卓锦"二字的设计比较规整，我希望增加一个图形标识来弥补它的不足，又开始研究起蜀锦的纹样来。老祖宗给我们留下了太多宝藏，我们是不缺素材的，有时候还因为素材太多，让人眼花缭乱。另一个难点是，我们如今去做纹样设计，照搬过去是不行的。我们不是要回到过去，而是要以过去为灵感，去探寻未来，图案要有当下的时代特征。

我发现在众多蜀锦纹样中，有一种典型纹样叫"落花流水纹"。这种纹样最早产生于宋代，是蜀锦工匠以唐诗"桃花流水杳然去，别有天地非人间"和宋词"落花流水浅深红"为灵感创制的，在宋代很是流行。收藏于故宫博物院的宋徽宗《后赤壁赋画卷》包首的梅花曲水锦就是落花流水纹的经典纹样。这种蜀锦纹样以梅花或桃花与水波纹相结合，宋以后演变出十几种，传承至今。

到卓锦吃饭的主要是商务人士，商人喜水。我国传统文化里有"遇水则发，以水为财"的说法。于是，我将落花流水纹样中流水的浪花设计成卓锦的图形标识。这个标识由奔腾的浪花构成，与卓锦中文字体组合起来，一简一繁，相得益彰。

卓锦的辅助识别图案也是从流水纹样中一点点延续出来的。我的同事刘佳鑫以抽象的浪花图形标识为基础，分别设计了浪花组合图案和一个流水纹的连续图案。考虑到"落花"春去也虽美，却有点萧瑟，因此我建议去掉落花，仅设计了流水纹。这些辅助图案将会用在卓锦的菜单、食器、餐巾、服装以及餐厅空间中，让整体视觉主题明确，又细节丰盛。

在卓锦的菜品中，河鲜是特色美食之一。用印着流水纹样的餐盘盛装河鲜时，水与河鲜相映成趣，让品牌进一步延续。

我们试图从文化的角度出发，去表达成都，也希望这种表达是含蓄且深远的,和成都街头遍地都是的"网红"餐饮品牌区别开来。卓锦从来都没有"网红"过,但这个品牌陪伴了成都人很多年,我们也希望它细水长流地存在下去。

DESIGN
LIFESTYLE

水纹图案设计灵感

蜀锦纹样之落花流水纹

卓锦流水纹连续图案

卓锦品牌图形标识设计灵感
以落花流水纹中的浪花抽象而成

卓锦流水纹辅助图案

卓锦
ZHUOJIN

中文字体设计灵感

五星出东方利中国锦护臂
蜀锦
新疆博物馆藏

设计
生活方式

—

119

锦江和蜀锦是成都的两大符号，濯锦是江与锦的互动。"卓锦"这个品牌名又从"濯锦"而来，从品牌设计的角度来看，算是命题作文，正统的做法便是从蜀锦入手。

DESIGN
LIFESTYLE
—

设计
生活方式

—

121

DESIGN
LIFESTYLE.
—

用咖啡勺丈量出的人生

咖啡与旅途

诗人艾略特说："我用咖啡勺丈量出我的人生。"我还没活到垂垂老矣的暮年，谈及人生为时尚早。然而，当我坐在咖啡馆里，重读鲁迅的《故乡》时，与坐在教室里被老师"填鸭"的那个少年相比，已经有了不同的体会。我不再好奇闰土的项上银圈和那叫"猹"的动物是什么样子，却在读到"我只觉得我四面有看不见的高墙，将我隔成孤身……"时，差点潸然泪下。

有人说，生活方式不在于你用了多贵的品牌，吃了多好的食物，而在于你怎样看待生活，把时间和精力花在什么地方。认真想想，除了吃饭、睡觉和工作，让我花掉最多时间的地方，不是在咖啡馆里，就是在旅途中，它们已变成了我的生活方式。

只要不外出旅行，我几乎每天都会坐进咖啡馆里读上一小时书。这种习惯已经持续了七年，不出意外的话，还会继续下去。我与咖啡的缘分还要更早一些。2003年，我在工作之余，为一个新创立的咖啡调糖品牌做产品企划，赚到了第一笔外快，六万元。这个项目的委托人是一位咖啡馆的老板，每次我和他碰面都是在咖啡馆里，咖啡也从那时成为我的生活日常，那一年我二十二岁。从那时算起，我已经有了十九年的"咖啡龄"，然而我从未想过要成为咖啡发烧友。我所喜欢的是咖啡馆里的氛围感，面对咖啡的态度一旦专业起来，难免十分挑剔，也失去了喝咖啡的乐趣。

我对旅行的态度也大抵如此。因为工作的关系，我去过许多地方，有时是去做田野调查，有时是去看农作物的原产地，有时是去做文化遗产的收集整理，有时是去勘探度假酒店的选址。这些都是我所喜欢的工作，便很是上心。回头看看，我竟把全国各省都跑了个遍，海外也去了一些地方。就拿川西的四姑娘山来说吧，七年间，我先后到访二十多次，并且因此爱上了徒步和登山。我时常将四姑娘山所在的藏族聚居区和我到访过的瑞士阿尔卑斯山区两相对照，思考四姑娘山高原生活方式的未来可能。事实上，这七年里，四姑娘山下的小镇也发生了许多变化，建起了可以坐望雪山的精品民宿，办起了山地越野赛事。双桥沟景区里也开了间看得见风景的咖啡馆，逐渐由原住民生活方式转变为城市生活方式。

DESIGN
LIFESTYLE

如今，在一些知名点的旅行目的地，喝到精品咖啡的概率越来越高。在大理古城，很多年前只有人民路附近的大象咖啡馆值得称赞，如今古城的叶榆路上又多了间收获咖啡。若是觉得在街头或树下喝上一杯咖啡还不过瘾，不如开车去到小镇喜洲，那里有间叫佩索阿的田园咖啡馆，面朝无际的稻田，卖的是精品咖啡。在云南，即使是一些偏远的村落也能喝到上好的咖啡。有次雨崩徒步，在那个连自驾车都无法开进去的雪山村落，我遇见一间叫山野的小咖啡馆，出品的咖啡一点都不比城市咖啡馆的差。那些天，我不是在徒步的路上，就是待在这间小咖啡馆里。

从成都出发，到甘孜州的巴塘或石渠县，自驾要开上整整一天。有许多次我都是一人驾车前往，整个旅途疲惫不堪，大好风景也无心观看。每当我行至中途，在垭口处停车休息时，远望雪山，如能有一杯热咖啡在手，便了无遗憾。然而，我只能在途经加油站时，买上几罐甜腻的罐装咖啡，这对一个喝惯了精品咖啡的旅行者来说，实在算不上什么享受。

在漫长的旅途中喝到一杯好咖啡有多大的可能性呢？这看上去并非是个难题，但我们放眼当下，却少有成功的经验。在飞行途中能喝到好咖啡吗？星巴克曾经登上美联航的飞机，为

设计
生活方式

一

乘客提供高于速溶咖啡品质的星巴克咖啡。然而这似乎只是品牌的行销活动，并未在更多的航班上得到普及，否则以星巴克在全球市场上的占有率，国内航班也早该有非速溶咖啡售卖了。五星级酒店在旅行目的地已相当普及，即使是在偏远的藏族聚居区也不例外。然而，迄今为止，我未曾在国内任何一家五星级酒店喝到过一杯称得上"精品"的咖啡，这一直让我困惑不解。按照常理来说，一台十几万的咖啡机，经过专业培训的咖啡店员，以及上等的咖啡豆，对于五星级酒店来说都不是问题，那问题又出在哪呢？我一直想知道答案。

我许多年前的一位同事，他在做给高铁上的乘客供应咖啡的生意。有一次在广州开往深圳的列车上，我喝到过他们的咖啡，虽说用了现磨的咖啡豆，也只比速溶咖啡好喝一点而已。有次坐高铁从丽水到温州，疲惫之余，去餐车点了杯咖啡，到手的竟然是星巴克。虽不是穿着绿围裙的星巴克店员在餐车上现做的，只是将热水冲进星巴克的半成品咖啡里，但口感已经和速溶咖啡拉开了明显的差距，好喝很多。我相信在不远的将来，高铁上将出现精品咖啡，毕竟火车上从来没有约定俗成地给顾客提供免费饮品。

然而，我还是期待着自驾途中的咖啡自由。在广袤的高原，蜿蜒不见尽头的盘山公路上,随时有可能在海拔四千多米的垭口遭遇一场大雪,进入白色的孤独世界。在这样的旅途中自驾,如果能有一杯温暖的咖啡在手,能有香醇的液体入喉,那该是难得的享受了。

DESIGN
LIFESTYLE.
—

旅行自由，也要咖啡自由

驾咖啡

对于设计咖啡馆品牌，我本人抱有极大的兴趣。我曾遍访成都的精品咖啡馆，在里面虚度过许多时光。我已出版了的五本书，有三本是在咖啡馆里写的。然而事与愿违，却少有咖啡馆登门问津，找我做品牌设计。但也不是完全没有，曾有个业内周知的精品咖啡主理人找我聊过，我也很有诚意，给出的设计报价仅为平常收费的六分之一，结果还是没了后续。相比餐饮、酒店等生活方式行业，精品咖啡馆毕竟只能算是小生意。

驾咖啡的主理人何平找到我时，他的咖啡馆已经在康定开了十几年。更让我意外的是，他本人也会做设计，以天珠为灵感设计过一套藏文字体，拿给我看时，我十分惊讶。这么说吧，以他的专业程度，完全可以开平面设计公司了。于是我开始对他的来意感到好奇，自己可以动手解决的问题为何又要假借他人之手呢？

设计
生活方式

原来，他遇到了品牌问题。他十年前创业时，开的是那种旧式咖啡馆。精品咖啡崛起时，他已是咖啡界的资深人士，看准机会，将品牌改名驾咖啡（HIYA COFFEE），率先在康定做起精品咖啡来。

驾咖啡的第一间咖啡馆藏在康定老城的一条窄巷里，门面不大，室内却有两层。一层是个偌大的吧台，为了保证咖啡豆的新鲜，吧台上还配备了一台烘豆机，这在成都的精品咖啡馆里都很少见。品饮区被设计得很有高寒地区特色，顾客们围炉而坐，冬天炉火生起来的时候，屋子里便多了一些暖意。二层有一扇小小的窗，可以望见远山。这间咖啡馆仅装修就花了上百万，又有专业的空间设计师参与，便在康定城里一枝独秀。

然而康定毕竟是身在高原上的小城市，当地人对精品咖啡的认知十分有限，咖啡馆也就曲高和寡，问津者少。无奈之下，只好在产品和价格上想办法，推出了奶茶。日积月累，餐单上的茶饮比咖啡多出了三倍，价格也只卖十几块钱。新的问题接踵而来，就在门店几步开外，是一家知名的新茶饮连锁店，虽然只有几平方米，却守在主路口上，拦截了大部分顾客。喝奶茶的多是些买了拿在手上就走的年轻人，驾咖啡的店铺当初没有设计外卖窗口，做茶饮也没有太多优势，尽管咖啡和奶茶一起卖，生意也还是不温不火。

为了缓解生意欠佳带来的压力，何平发挥自己在设计上的优势，结合藏族文化，开发了很多文创产品。这些文创产品从设计到制作都很精良，只可惜文创产品本身比咖啡还难卖，是一个慢热的生意，这一点，驾咖啡也没能例外。

为了改变现状，何平又在康定新城开了间新店。有了以往的经验，新店投入不算多，为了节省成本，没有再请空间设计师，靠他自己对设计的理解，完成得也很不错。这是一间几十平方米的小店，店内仅能坐下两三个人，他想尝试一下"行动咖啡"。新店的营收还算不错，但对于驾咖啡整体发展来说，前路依然艰难。

这个难题摆在了我的面前。很显然，何平在一个精品咖啡消费需求不足的城市里，投入了过多的预算。驾咖啡的第一间店开起来后，赢得过许多赞许，也算得上作品级的空间设计，但设计能解决的问题实在有限。咖啡行业的盈利能力不算高，仅靠售卖咖啡和文创产品的收入，要想在短期内收回这家咖啡馆的前期投资，哪怕只是设计和装修投入，都是很难的事情。

对于在川西高原开咖啡馆这件事，何平有他自己的理解。他想从康定出发，沿着318公路，一直把咖啡馆开到拉萨，再调转头来，到成都或上海开店。驾咖啡（HIYA COFFEE）这个名字也因这样的初心而生。318公路是最为知名的自驾进藏之路。驾，既有打马扬鞭之意，又可以理解为自驾，很有在地特色。而HIYA则是英语里"你好"的口语表达，于马背上相逢，一声"HIYA"足以表达藏族人的热情。我喜欢这样的表达，一听到驾（HIYA）这个名字，便觉又回到了熟悉的高原，驾驶着越野车在广袤的牧野之地穿行，这是近几年来我最热衷的旅行方式。

我不是江湖术士，口袋里也没有灵丹妙药。既然是要从品牌入手去解决问题，还是要回到出发的地方，看看康定是一个怎样的城市。

在旅行者眼里，康定是一个浪漫的小城。一首《康定情歌》让许多人不远千里来到这座溜溜城。最近两年，经由川藏公路入藏的人越来越多，加上"此生必驾318"营销上的成功，康定的这条国道俨然成了国内版的"66号公路"。然而，高速公路通了之后，成都到康定仅需三个多小时，便利的交通让康定成为一个被路过的地方。走318国道的自驾者，早晨从成都出发，中午就到了康定。在这里吃过午饭，往往会选择继续出发，在风景更开阔的新都桥留宿。

我不太喜欢下午开车，吃过午饭后通常会犯困，整个人萎靡不振。如果一定要上路，喝杯咖啡就显得十分必要。问过一些朋友，也都有相同的睡意，这或许是一种生理现象吧。我想起早年的台南之旅。那地方热得不行，从餐厅吃了午餐出来，没走几步路，全身都已汗透。在路上若遇见行动咖啡店，我必会买杯冰咖啡边走边喝，如得救一般。如今回想起台南，行动咖啡店、泡沫红茶店和冰淇淋店立刻会从脑袋里跳出来。

既然仅靠康定本地人无法让一间精品咖啡店活得很好，不妨打一下游客的主意吧。路过这里的自驾旅行者多来自成都、重庆、上海这样的大城市，咖啡已是喝惯了的。我们把复杂的问题简化为一句话："路过康定，带杯咖啡再出发。"

康定算得上是318公路上的第一座高原之城，到了这里，才算真正进入藏族聚居区。高速公路换成了盘山公路，大雪山迎面而来，这样的旅途从来不会让人感到无聊。我已经五十多次路过康定，驾车翻越折多山时，总会降下车窗，呼吸一下冷冽的空气，内心也会感到久违的自由。这种时候，我会期待路上喝到的这杯咖啡，既有在城市里喝惯了的味道，又有川西高原的陌生感。

DESIGN
LIFESTYLE
—

138

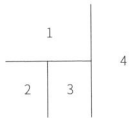

图片提供

1、2 全玉蓉
3 陶明春 4 何平

在旅行者眼里,康定是一个浪漫的小城。一首《康定情歌》让许多人不远千里来到这座溜溜城。

设计
生活方式

HIY A
COFFEE

KANGDING

旅行自由,
也要咖啡自由 !

驾 咖啡

N29.91°E102.23°

DESIGN
LIFESTYLE

HIY A
COFFEE

KANGDING

HIY A　　CHENGDU
COFFEE　　KANGDING
　　　　　LHASA
驾　咖啡

使用马的图腾在品牌视觉中表达游牧精神
泽仁郎加 绘

驾咖啡中英文字体设计

旅行自由，
也要咖啡自由

hiya!
KANGDING　HIY A
　　　　　COFFEE

选择适合加"！"的广告口号
逐步形成品牌语言风格

品牌色彩

驾咖啡英文品牌

设计
生活方式
—
141

DESIGN
LIFESTYLE
—

142

驾咖啡的第一间咖啡馆藏在康定老城一条窄巷里，门面不大，室内却有两层。一层是个偌大的吧台。品饮区被设计得很有高寒地区特色，顾客们围炉而坐，冬天炉火生起来的时候，屋子里便多了一些暖意。二层有一扇小小的窗，可以望见远山。

图片提供
1、3 驾咖啡
2 何平

设计
生活方式

有了方向后，还是得从品牌设计入手。驾咖啡原有的品牌标识是一个精致的马头图腾，仅从设计的角度来看，没有什么不好。若是站在品牌的角度去看设计，这个标识城市感太强了，和我们在城里见惯了的咖啡馆标识别无两样，是精致且安静的。但我一听到"驾"这个名字，信马由缰的自由便扑面而来，又或者是我驾车孤独地前行。我希望这个品牌给人的印象是在路上的，行动着的，而非静止不动的。

我想起有次在雀儿山下徒步归来，路过一户当地人家，一位藏族女子站在自家门前，隔着老远的距离和我们打招呼："扎西德勒！"那声问候由远而近，我们的回应由近而远，若是写成文字，都该跟着感叹号，否则难以表达那种藏族人独有的热情。如此说来，驾、HIYA，也都该跟着感叹号吧，因此有了用感叹号做视觉锤的想法。

我在西藏的佛教寺庙里见过梵文，有一种象形的趣味，又陌生感十足。最初我以梵文字体为参照物，设计了一个"！"，做完后又觉得太规矩了。我希望它少一点束缚，把自由的感觉表达出来，于是索性将它从设计规则中释放出来，横不平，竖不直，点也不太像点。初看上去，像一个门外汉做出来的设计。但是，这里面寄托了我的厚望，我希望它像个充满野性的康巴

图片提供
1 王志伟
2 全玉蓉

驾，既有打马扬鞭之意，又可以理解为自驾，很有在地特色。而HIYA则是英语里"你好"的口语表达，于马背上相逢，一声"HIYA"足以表达藏族人的热情。

设计
生活方式

145

汉子，意外闯入城市人的视野，初看只觉出了陌生，再多看上几眼，才发现他的脸孔和身材竟是那么不凡。

色彩，我选择了纯净的藏蓝。那是我在高原上见过最多的颜色。藏族人虽也喜欢用暖色，无论是服装，还是房子的屋檐，但除了藏红，大部分暖色都是混在一起用的。蓝色是川藏高原所有颜色的背景，因为那里的天空是蓝的，蓝得很彻底。云朵飘在上面，也白得耀眼。这个色彩用了一年以后，驾咖啡将咖啡馆开进了成都，我把色彩做了微调，让它更"城市"了一点，高原的风貌还在。

图形标识有了足够的陌生感后，中英文字体就设计得老实一点。我只是将 H、I、Y、A 四个字母的间距拉开，呈递增的节奏，就像隔着很远打招呼，声音由近处一点点向远方去了。这些设计上的小心思是藏着的，不需要人人都看得懂，我也不想让"设计感"喧宾夺主。它们安静地待在那里就好，即使是孤芳自赏。我想通过设计来表达的，是高原上的咖啡，是旅途中的咖啡自由，是身在高原的陌生感，或许还是大雪纷飞中的温暖手感，唯独不是设计本身。

我是个不喜欢使用感叹号的人，即便是在写小说时，也很少例外。有时候看到别人用，特别是一连用了好几个，便会觉得这位作者的情绪过于泛滥。然而个别时候，比如在路途中遇到大美风景时，我也会情不自禁地在心里"哇！"上一声。有一次在新西兰南岛的箭镇，我们把车停在路边，徒步走上坡地，一个安静的湖面缓缓跃入眼中。当整个湖面和湖边上的箭镇收入眼底，我有一种想留在那里虚度此生的冲动，脑海里接连跃出了好几个感叹号。

生活中还是有许多善于表达内心情绪的人，我大抵是个例外。有一些语句是很适合在结尾处加上感叹号的，比如："这是我此生见过最美的风景！""终于重获自由了！"如此等等。品牌有时候像人一样，有自己的说话方式。我们给驾咖啡设计了一系列海报，但凡用到广告语，后面要能加上感叹号的才可以。在318公路上自驾，值得停下来感叹一番的风景太多。我写了其中几句，比如："旅行自由，也要咖啡自由！""面朝布达拉宫，喝杯咖啡！"何平本身就是一个天马行空的创意者，很快就领会了我的用意，将这种表达方式延续下去。

项目结束几个月后，我又一次去川西旅行，归途路过康定，去驾咖啡买杯咖啡，在墙上见到他创作的许多作品。我买了一些回来，第二天去川师大文旅学院开讲座时送给了同学们。

设计
生活方式

如今，当我坐在咖啡馆里写下这些文字的时候，驾咖啡仍是康定最好的咖啡馆。我甚至开始想念那家小咖啡馆了，更想念的是高原的旅途。我手机上保存着一张照片，是女装品牌古苔的创始人茶茶拍摄的。有年秋天，我在轻安讲授品牌研习课，分享了驾咖啡的案例。几天后，她去新都桥旅行，路过康定时买了杯驾咖啡带在路上喝，那一天，川西高原上大雪纷飞。

我想通过设计来表达的，是旅途中的咖啡自由，或许还是大雪纷飞中的温暖手感。

图片提供
1 茶茶
2 王志伟
3、4、5 全玉蓉

设计
生活方式

DESIGN
LIFESTYLE.
—

天地有大美而不言

孤独感

小时候，我在长白山林区度过漫长的童年。天气澄明的秋季，站在我家前院，目光越过林场的红瓦屋顶，再越过连绵的五色林海，可以望见白色的峰顶。在外出求学离开故土之前，我从未去过长白山。20世纪90年代时，那里的交通仍是十分不便。长春途经小镇往长白山去的国道仍以沙石铺路，每当有车开过，总是扬起漫天尘烟。

我去长春读书以后，还乡常在夏、冬两季。相比之下，寒冬更值得惦念。路过小镇的国道被冰雪覆盖，晚上少有车过。月光照在雪地上，寒夜如昼。我常常借着月色，一个人在这条路上散步。我依然记得那种感觉，四野是挂满积雪的冷树，月光凄凄，寂静无边，鞋底踩在路面上的嘎吱声，使我和故乡都显得分外孤独。

如今三十多年过去了,一切都已改变。长白山西麓有了滑雪场,建起了五星级酒店,修了高速公路和小型机场。即使从我当下生活的成都重返故乡,也仅需几个小时,可我却很少回去。我可以轻易地回到故乡,却再也无法回到少年时。

每当我回想故乡,常怀念的是月下寒夜里的孤独。后来我喜欢上文学和艺术,在加西亚·马尔克斯、米兰·昆德拉的小说里,在八大山人和龚贤的画里,我又遇见了那种孤独,才发现这种旷世的孤独感不是我一个人的离愁别绪。

人生天地间,忽如远行客。

《古诗十九首》里,这一句不知作者何人的诗句道出了人生如寄的现实。然而"寄者固归",远行客的旅途中饱含着久远的孤独感。李白的"花间一壶酒,独酌无相亲"或许也是相似的孤独,与此同时,"晚来天欲雪,能饮一杯无"又何尝不是一种孤独呢?

孤独感是一种出世的情绪。回看历代书画名家,我最喜欢八大山人和弘一法师,一个因国破家亡遁入空门,一个趁早出名却又看破红尘。八大山人画鸟、画鱼,甚至画瓶花,都游离在俗世之外，后世用"孤绝"二字来形容他，何其恰当。

弘一法师身在俗世时，本名李叔同，我对他缘何出家一直抱有相当的好奇。他出身富贵，少年浮浪，留学日本，青年成名，本该是让许多人艳羡的半生，只因虎跑寺的一次断食之行，便决意出家，直教人哭之笑之。然而他尚在俗世时，便写出《送别》这等孤独的词，后来的遁入空门也不算意外了。有年我在苏州街头闲逛，在一条巷弄里偶遇苏州博物馆的图书馆，进去消磨了半个下午。无意间翻到本李叔同的书法集，见着他少年时的书法，何等潇洒，简直堪比二王一派。然再看他离世前的四字绝笔"悲欣交集"，却已是尘缘尽了，无求无欲。

我们身处的世界太繁华了。彻夜长明的霓虹灯、看不完的娱乐节目，让我们的日常生活拥挤不堪。"大隐于市"已成为一种空想，十字街头已经没有了打坐的空间。"小隐入山林"似乎仍有可能，孤独感或许可以在旅途中探寻。

我所喜欢的旅行多少都和寻找孤独感有关。2018年，我驾车在罗布泊无人区的沙漠里穿行了六天六夜。这是何等孤独的旅行啊，在迷途漫漫的沙海里，仅需个把小时，风就可以将山一样的沙丘夷平，耸立于两岸的峡谷竟是千余年前的河岸，沙子里还能见到贝壳。我站在楼兰古国的渡口上，见不着一滴水的影子，水岸也只剩下隐约的轮廓。我又想起故乡的寒夜，想起漫过山野的大雪，久违的孤独感卷土重来。

我喜欢登山。在冰冷刺骨的帐篷里煎熬上一个长夜，因高反无眠，却又无事可做。凌晨两点从睡袋里爬出来，抖落掉帐篷上的积雪，瑟缩着站进巨大的黑暗里。然后戴上头灯，在一束光的陪伴下开始艰难地攀登。即使身边有同伴，也无人说话，彼此沉默着前行，要赶在清晨的太阳漫过雪峰前抵达山顶。整个攀登过程，孤独感如影随形。

为旅行目的地做设计是我喜欢的工作。每到一个新的地方总有风景。我热衷于牧野之地，五十多次深入川西高原，经常驾车在横断山脉的褶皱里穿行。以此为起点，又深入云南、西藏、青海和新疆。这些天地大美的西部边远山地路途遥远，少有人抵达。大山大水也都静默无边，正合了庄子那句"天地有大美而不言"。

我所住过的最有意境的小型精品酒店贩卖的就是"孤独感"。在宁夏中卫有一个黄河宿集，它不是一家民宿，而是几家小型精品民宿的合集。宿集建在大漠戈壁里，黄河在那里转了个弯，转弯处水源丰沛,有一点绿洲,算不上丰美,在宁夏这个地方已是难能可贵。黄河宿集的夯土建筑保留了当地风貌,又因为有建筑师的参与,有别于当地民居的气质。去住这个酒店时正值周末,当时我在河南郑州,被中原地区的炎热和繁杂的人际关系搅得心神不安,想要换个地方清净几天,临时起意,在机场里改签机票飞往宁夏。

我在黄河宿集度过的两天一直待在民宿里。房间外有独立的小院子,围着低矮的夯土墙,多数时候无人打扰,正合我意。有时我穿过一片树林,去黄河边上散步,这里是黄河上游,水尚未混沌成黄泥汤,在芦苇荡的映衬下,颇有几分野趣。我喜欢这个民宿,大部分时间均是一个人在此度过,却不觉得无聊,这里的氛围很容易让人安静下来,去发现独处的乐趣。

另有一间在我看来可以"享受孤独"的小型度假酒店,名字叫既下山·梅里,坐落在云南德钦。喜欢它的原因之一,是我贪恋雪山。既下山·梅里建在村子里的坡地上,最佳景观留给了咖啡厅。坐在咖啡厅的落地玻璃前,梅里雪山尽收眼底。不是隐约的那种坐望,而是整个视线都被连绵的雪山填满,巍峨壮观。最美的是长日将尽时分,落日的余晖给卡瓦格博峰染上了神秘之色,孤独的氛围随着日落渐渐浓郁起来。

设计
生活方式
—

这间酒店是空间设计师谢柯的重要作品，让我一见倾心。我见过许多座雪山，但它们入眼时，我要么是在艰难的攀登途中，要么是在驾车路过垭口时，仅能匆匆一瞥。像在既下山·梅里这样，喝着和城市里别无两样的咖啡，与雪山平静地相处，又是一种与众不同的经验。雪山常让人有一种距离感，进而生出孤独的情绪，而既下山·梅里以舒适的方式，介入了这种孤独。梅里雪山还是那个梅里雪山，既下山提供了一种全新的观看方式，这种山地生活方式，一半是乡野的，一半是城市的，十分难得。

　　阿那亚在南戴河的海边建了一座图书馆，直接以"孤独"为名，被称作"最孤独的图书馆"。这座图书馆是建筑师董功的作品，像一个混凝土浇筑的盒子，面朝大海的一面是落地玻璃。对于尝尽孤独的人来说，这是一处庇护所。隔窗面朝大海，此情此景，许多人都像我一样，无心翻书了，干脆好好"享受孤独"。

　　旅行者眼中的终极"远方"，不管是南北两极，还是被称为"第三极"的喜马拉雅，无一不是少有人抵达的孤独之境。在这样的地方，自然中饱含着洪荒之力，容易让人们认知到自己的渺小，也更能使人理解孤独感是一种什么样的情绪。在我看来，设计就像一次远行，上路以后，少不了要从繁华里经过，热

图片提供 既下山

既下山·梅里建在村子里的坡地上，最佳景观留给了咖啡厅。坐在咖啡厅的
落地玻璃前，梅里雪山尽收眼底。

设计
生活方式

闹上几回，但凡能坚持着走下去，终将面对远的美学，踏上孤独的旅途。

诗人艾略特在《四首四重奏》中写道："We shall not cease from exploration,and the end of all our exploring,will be to arrive where we started,and know the place for the first time." 中译文有许多种，我喜欢的是下面这个版本：

我们不会停止探索，我们所有探索的终点，都将抵达出发的地方，并且第一次真正认识这个地方。

图书在版编目（CIP）数据

设计生活方式 / 朱星海著. -- 成都：四川人民出版社，2023.3
ISBN 978-7-220-13088-5

I. ①设… II. ①朱… III. ①生活方式—设计 IV. ①C913.3

中国国家版本馆CIP数据核字(2023)第015010号

设计生活方式
SHEJI SHENGHUO FANGSHI

朱星海 著

出 版 人	黄立新	出版发行	四川人民出版社（成都三色路238号）
策 划 人	郭 健	网　　址	http://www.scpph.com
责任编辑	魏宏欢 王 珂	E-mail	scrmcbs@sina.com
责任校对	张东升	新浪微博	@四川人民出版社
封面设计	朱星海	微信公众号	四川人民出版社
封面摄影	李思恩	发行部业务电话	（028）86361653 86361656
版式设计	研习设计	防盗版举报电话	（028）86361653
责任印制	周 奇	照　　排	成都研习品牌设计有限公司
		印　　刷	四川新财印务有限公司
		成品尺寸	146mm x 210mm
		印　　张	5.5
		字　　数	120千字
		版　　次	2023年3月第1版
		印　　次	2023年3月第1次印刷
		书　　号	ISBN 978-7-220-13088-5
		定　　价	48.00元

版权所有·侵权必究
本书若出现印刷质量问题，请与我社发行部联系调换
电话：（028）86361656